石造文化

―歴史学への誘い―

播磨定男 著

大学教育出版

石造文化
—歴史学への誘い—

目次

Ⅰ　歴史ブーム

上州三日月村を訪ねて

——木枯し紋次郎の生誕地——

木枯し紋次郎の人気

長さ一五センチ以上もある手製の楊枝《ようじ》を口の端にくわえた木枯し紋次郎がテレビに登場したのは、昭和四十年代のことである。それまでの股旅《またたび》映画と言えば、道中合羽に三度笠、腰に長ドスをおとした勇侠な主人公が中心であったが、木枯し紋次郎にはそうしたはなばなしさはない。恰好《かっこう》からしても彼の所持する三度笠はすでに破れ、合羽もいつの間にか雑巾のように薄汚れてしまっている。弱い者いじめをするヤクザの親分がいたら早速懲《こ》らしめてくれるかというと、「あっしには関わりのねえことでござんす」と言って、容易に腰をあげようとはしない。木枯し紋次郎は恰好良さと義理人情という、従来の股旅ものが最も重視した二つの要素をどちらも欠いた渡世人である。

それなのにこの新たな主人公が爆発的とも言える人気を呼んだのは何故であろうか。紋次郎の役を演じた中村敦夫の魅力や市川崑監督の演出の冴えにもよるだろうが、それにもまして大切なことは笹沢左保の原作がしっかりしていることだ。原作者の笹沢氏は推理小説を多く書いている。したがって、彼の得意とする推理小説的手法がこの作品にも採り入れられ、視聴者を毎回はらはらさせるのである。主人公は同じでも、事件の設定と物語の展開に従来の股旅ものには見られない斬新さがあり、これに関わる木枯し紋次郎の醒めた生き方が現代にマッチしているのである。

紋次郎生誕地碑の建立

ところで、この原作を読むと、物語の舞台となる中仙道をはじめ上州や信州の各宿場、村落の情景などがリアルに描かれていることに気付く。木枯し紋次郎自身も上州新田郡三日月村の貧しい農家の生まれという設定であり、信州小井田宿をはじめ追分・沓掛・軽井沢など、今日でもよく知られた地名が頻出する。軽井沢や沓掛が実在するのであれば、三日月村も新田郡のどこかに存しなければならないという、単純な発想からであろうか。この小説がテレビ化され爆発的な人気を呼ぶようになると、木枯し紋次郎の生まれた三日月村の所在を確認する問い合わせが殺到した。電話や手紙では満足せずに現地までわざわざ乗り出してくる熱心なファンまでいたというから、テレビの影響は凄いものである。しかし、紋次郎の生誕地といわれる三日月村は、群馬県内のどこを捜しても、現在ばかりか過去においても実在しないのである。

三日月村が架空のものであれば実際にこれに比定されるべき場所を捜して、三日月村を新たに創ってはどうかという意見が出てきた。歴史ブームに乗って観光客が訪れるなら、これに応えるべく三日月村を用意しようというのである。桐生市郊外の新田郡藪塚本町の湯之入に木枯し紋次郎生誕地の碑が建立されたのは昭和五十三年四月のことである。碑石そのものは高さ二メートル余の御影石であるが、当時の群馬県知事神田坤六氏までがわざわざ現地に赴き、盛大に除幕式が挙行されたのには驚いた。実はこの時ちょうど私は、「三日月村」の隣にある新田郡笠懸村にいたのである。ここの岩宿遺跡を訪ね、初対面の感激にやや胸を熱くしていたまさにその夜に、上のニュースに出会ったのである。

歴史小説がテレビや映画化されて歴史ブームが到来していた時だけに、木枯し紋次郎が虚構の世界から飛び出て実在となったにしても大して不思議ではない。だが、私の心を悩ましたのは昼間見てきた岩宿遺跡との対比である。この遺跡は周知のように、日本文化の起源が旧石器時代まで遡ることを最初に立証した遺跡で、中学や高校の教科書に写真まで掲載されている、全くの実像の世界なのだ。しかし、私がここで過ごした二時間ばかりの間にも他に見学者は見当たらず、ひとり静まりかえっていたのである。国の史跡指定を示す立派な標石とは対照的に、道路を隔てた向かい側の駐車場は未整備で、余り広くもないその所々には雑草が生い茂っていた。一般の人々はともあれ、中学や高校の見学旅行もあるだろうに、大型バスはいったいどこに駐車するだろうかと、ついこちらが気を回すほど、岩宿遺跡は人の気配を欠いていたのである。

岩宿遺跡の発見

私が岩宿遺跡にこだわりをもつのは、この遺跡が単に古いとか有名であるという理由からではない。この遺跡は相沢忠洋という当時無名の一青年によって発見された、歴史研究のまさに記念碑的な意味を有するからである。

終戦直後の昭和二十二年、納豆売りの行商をしながら国定忠治で有名な赤城山麓で遺跡の探索を続けていた相沢氏は、新田郡笠懸村の村道が切り通しとなった崖の断面から二個の石器を発見した。石器が出土した赤土層は数万年も前から降り積もった火山灰でできた関東ロームと称されるもので、この古い洪積世層の上に黒土の沖積世層が今より一万年前頃から形成されたのである。赤土、関東ローム、洪積世層の時代は氷河期に象徴されるように、厳しい自然環境が地球を覆ったために日本列島の最古の文化はまだこの時代には発生せず、したがって人類の生息は次の地球温暖化した沖積世の時代をまたねばならないと考えられていたのである。そしてその時期については今より五、六〇〇〇年前、つまり、縄文文化が日本最古の文化であるというのが学界の通説であり、考古学の調査でも赤土層に達すると発掘を中止したのである。相沢忠洋氏の発見は言うまでもなくプロの考古学者が抱いていた常識を打ち破ったところに意義がある。彼がもし素人ではなくプロの学者であったら、あるいはこのような発見に至らなかったかもしれない。余計な先入観から解放されていたために幸運に回り合うことができたとも言えるのである。

しかし、ローム層の中から人工の石片が発見されたからといって、すぐさま縄文時代より前の無土器文化の存在が証明されたわけではない。学界で広く認めてもらうためには、もっと多くの実証例と専門的な論証が必要であり、その作業は到底素人個人の手に負えるような簡単なものではない。問題が大きいだけに相沢氏自身も、自分の発見した事実を目の前にして解釈に苦しんだのである。

彼が岩宿遺跡から発掘した石器を持って明治大学考古学研究室を訪ねたのは、最初の発見より二年後の昭和二十四年七月のことである。前橋から明治大学のある都内千代田区まで自転車で行ったというから、この青年の情熱と考古学に打ち込む一途な姿が想像される。前橋〜上野間は現在でも普通列車で二時間一〇分はかかるから、一二〇キロぐらいの距離である。

相沢氏は明治大学に杉原荘介氏（当時は助教授）を訪ねたようであるが、杉原氏は静岡市南方の安倍川東岸で発見された登呂遺跡を発掘中のため留守であった。ところが、研究室で相沢氏の岩宿での説明を聴きながら事の重大性を直観した学生がいたのである。のち東北大学教授となり、わが国旧石器時代研究の第一人者といわれる芹沢長介氏である。芹沢氏の報告を受けた杉原氏が岩宿遺跡の発掘にとりかかったのはこの年の九月であり、同年十月、翌二十五年四月の調査では赤土層の中から握槌《にぎりづち》や掻器《そうき》・剥片《はくへん》など五〇個もの石器が発見されたのである。後年相沢氏が「最初に芹沢先生にお会いしたことが私の幸運だった」（『「岩宿」の発見』）と述懐するように、二人の無名の青年による出会いが、縄文時代を遥かに遡るわが国最古の旧石器文化の存在をもたらしたのである。

遺跡の変貌と発見者の訃報

私は平成元年八月に岩宿遺跡を訪ねた。高崎に居る知人から手紙が来て、木枯し紋次郎の碑のある藪塚本町には江戸時代の町並を復元した「三日月村」が誕生し、大いに賑わっているると書いてあった。しばらく続いていた歴史ブームに好景気が重なって、遂に三月村まで出現させたのである。だが、一方の岩宿遺跡はどうなっているだろうか。紋次郎の石碑や三日月村とは五、六キロしか離れていないだけに、その後の様子が気になったのである。

最初に岩宿遺跡を訪ねた時は知人の車を利用したが、今度は高崎駅で両毛線に乗り換え、前橋、伊勢崎を経由し桐生より一つ手前の岩宿駅で下車してからは、一・二キロの道程を歩くことにした。地元の世話を受けないで目的地まで行けるかどうか、実際に試してみたかったからである。道路はそんなに入り組んではいないが、交差点では遺跡までの方角と距離が記されており、他所から来る者にとってまことに有難い限りだ。この分では自分と同様岩宿遺跡を訪ねる見学者もきっと多いに違いない。知人の手紙にも書いてあったが、いくら歴史ブームとはいえ、三日月村のような架空のものまでできてそちらの方ばかりに見物客が行くようでは、今日のブーム自体がいったい何であるのか、素直には喜べない気持ちになる。だが、実際に岩宿に来て人家の間を歩いていると、自分の懸念がやや的外れであることに安堵感さえ覚えたのである。一・二キロの道程が短く感じられたことは言うまでもない。

新しい保存施設に覆われた岩宿遺跡
（群馬県新田郡笠懸村）

ところが、目的地に着いた途端私の気分は一変した。相沢氏が石器を発見した赤土も関東ローム層も消え失せてそこには何も存しないのである。道路開通のため削った丘陵南側斜面には地層が露出し、そこには確かに石器出土の箇所や層位学的な説明の標識も存したはずである。それが今年になって遺跡の破損を防止するために地層の一部分を残して他は破壊し、周囲を公園化する計画であるという。そういえば道路南側にドーム状のコンクリート施設が工事中であったが、この建物の中に遺跡の一部分を封じ込め、あたかも歴史博物館のレプリカ展示がそうであるように、この施設の中で岩宿遺跡を見学させようとする心算なのだ。むろんこうした措置は岩宿遺跡を国の重要文化財として永久に保存しようとする愛護の精神からなされたものであろう。しかし、以前の様子を知っている者にとっては余りにも周囲の状況が変貌しているだけに失望の念を禁じ得ないのである。

歴史ブームの余波はここ岩宿遺跡においても確実に認められた。遺跡の周囲は公園にするために奇麗に整備され、その片脇には大型バスが何台も出入りできる立派な駐車場も設けられていた。現在建設中のドーム施設が完成すれば、おそらくその入口付近に岩宿遺跡のことを記した立派な説明板も建つことであろう。だが問題は、岩宿遺跡を訪ねてきた見学者がこの施設の中で果たしてどれだけの時間を過ごすかということだ。また、この場所に立って何人の人がこの遺跡が発見された当時のことを想い浮かべるだろうか。このたびの変貌ぶりは、岩宿遺跡の実体だけでなくこの遺跡の有する意義をも損なう措置であったことは、素人目にも明らかなことなのだ。

そして、岩宿遺跡を私たちから遠ざけるもう一つの悲しいニュースが伝えられている。それはこの遺跡の発見者である相沢忠洋氏が平成元年五月に突然死去したことだ。氏のご冥福を祈りつゝ、在りし日の岩宿遺跡を回想しながら、私も岩宿に別れを告げることにした。

北京原人と日本の旧石器時代

――「北京原人展」に寄せて――

昭和五十五年十二月六日から翌年一月十八日にかけて、「北京原人展」が北九州市小倉の西日本総合展示場で催された。中学生の頃から馴染の北京原人の化石が日本に持ち寄せられるのはもちろんその時が初めてであり、中国以外で初公開という代物《しろもの》であった。

近年、日中両国の文化交流が進むにつれて、両国の歴史学者による遺跡・遺物等の発掘調査の実情が知らされるようになった。それによると、日本最初の旧石器文化は、北京原人が創った周口店文化といくつかの点で共通性があるという。北京原人の化石は、われわれの先祖が果たしてサルかという、人類の進化を考える上に貴重であるばかりでなく、日本文化・日本人のルーツとも深い関係がもたれているのである。

人類の化石

北京原人は一九二三年北京地質調査所の手によって、北京市の西南五〇キロにある周口店の石灰岩層より発掘された。最初の発見者は同所の顧問をしていたスウェーデン人のアンダーソン博士である。

北京原人（ニューヨークの自然博物館所蔵）

北京原人と同様新生代第四紀を代表する直立猿人の化石は、これよりも三〇年ほど前にジャワ島で発見されていたが、この方は頭蓋骨片と臼歯三本および左肢大腿骨の発掘であったのに対し、北京原人の方は老若男女をとりまぜ約四〇体分もの化石人骨と石器・骨器・獣骨が石灰岩の洞穴から掘り出されたのである。

遺物の研究を依託された北京の協和医学校の解剖学教室の見解では、男性の平均身長は一五六センチ、女性は一四四センチで、現在の華北人よりやや小柄であること、眉骨が異常に発達して隆起し容貌はサルに似ていることなどを明らかにした。彼らは洞穴に住んですでに火を使用し、石英製の礫器《れっき》や骨器を使って狩猟生活をしていたのである。

ところで、北京原人が生存した時代は、今より約五〇万年前の地質学上でいうと新生代第四紀の洪積世初期に相当するが、最近の報告では、これよりもさらに古い人骨がアフリカ南部で発見されている。人骨化石の構造から直立歩行が認められ、また人骨と同じ層から石器が出土したことによって、その担い手はサルやゴリラなどの類人猿とは違った人類に近い高等霊長類であると考えられ、一般に猿人類と呼ばれている。

しかし、これらアフリカの猿人類や北京原人・直立猿人などの原人類にしても、現在のわれわれの直接の先祖ではない。原人類の後、今より約一五万年ほど前の洪積世中期に、北京原人よりももっと頭脳が発達し生活技術もより進歩した旧人類が現れ、さらに今より五万年ほど前の洪積世末期に至って現生人類が出現するのである。

人類進化の指標

「人間は道具を作る動物である」と言ったのは、避雷針の発明者フランクリンである。実際に人類の進化を何によってはかるかといった場合、その手懸かりは人類固有の特長、つまり道具を作る行為や遺物としての人骨の分析に求めるより他はない。

人類はその発生以来厳しい自然の中で生活していくために道具を作り出した。したがってその生産技術の進歩は人類の発展段階と即応していると見なされる。一八三六年、デンマークの考古学者トムゼンが、人類の発展段階を彼らが製作し使用した道具の材料によって、石器時代—青銅器時代—鉄器時代のいわゆる文化三段階説を唱えたのもかかる理論を前提にしてのことである。

もちろん各国により発展の絶対年代は相違する。しかし石器でも、最初は硬質の岩石を打ちくだいて作っただけの礫器や握槌のようなものから、次第にそれを磨いて鋭利化したり、尖頭器や細石器を出現させてくるのである。例えば、アフリカで発見された猿人類の遺跡からは礫器のような粗末なものしか出土していないが、次の北京原人の頃になると骨角器と共に石英岩を材料とした剥片石器が作られ、彼らの自然環境への適応力は一段と増大してくるのである。

人類の進化を示すもう一つの指標は人骨化石の脳容量の計測である。頭骨の中の脳の容積を調べ、どのくらいの頭脳を持っていたかを判断するのである。これによると、北京原人は大体一〇〇〇 ccで、猿人類の六〇〇～七〇〇 ccやジャワ島の直立猿人の八六〇 ccよりも頭蓋容量が多く、ヨーロッパ人の祖と言われるクロマニョン人の一四五〇 ccよりは少ない。

一方、人類に近縁のチンパンジーやゴリラなどの類人猿はどうかというと、四〇〇 cc～五〇〇 ccの数値が出ている。単に脳容量の比較だけでなく、体重比にしても類人猿は現生人類の三分の一であり、北京原人はちょうど両者の中間に位置しているのである。

人類の先祖は果たしてサルか。もちろんダーウィンの進化論の洗礼を受けた現代のわれわれは、人間がはじめから現在あるままの人間として、何か超自然的な原因によって突然出現したなどとは思っていない。何か今よりはもっと下等な動物から進化したであろうことは間違いないにしても、それが果たしてサルであろうか。

先の頭骨による脳容量を指標にして、人類進化の跡を逆にたどっていけば、人類の先祖は類人猿つまりサルではないかということになる。東アフリカで発見された最古の人類化石アウストラロピテクスは、骨盤や下肢骨の構造、歯骨などきわめて人類的であるとはいえ脳容量は六〇〇～七〇〇ccであり、下唇の突出した顔面から想像してゴリラなどの大型類人猿に近いと判断されているのである。

日本の旧石器文化

ところで、北京原人の周口店文化と日本最古の旧石器文化とは果たして無縁であろうか。単純に北京原人が生存したのは今より五〇万年前、日本の旧石器時代は古くても一〇万年以前からとすると両者は時間的に交錯しないことになる。しかし最近の研究では、日本の前期旧石器時代の遺跡から出土する石器類は周口店のものと類似性が指摘され、周口店文化の下限も今より一五万年前頃まで下るようになった。

大分県の早水台《そうずだい》、栃木県の星野の両遺跡は東北大学芹沢長介教授によって発掘された日本では最古の旧石器時代文化であるが、ここから掘り出された石器は石英岩を材料にした石核や石片で、これらは先の周口店遺跡から出土したものと酷似しており、小型石器を多量に含む点でも共通性が指摘されているのである。こうした石器の類似性は、両者全く偶然の個別的な事情によるものであろうか。

しかし、新生代第四紀の洪積世には、日本と大陸がまだ地続きで往来が可能であり、したがってこの事実を考慮すれば、北京原人の残した周口店文化が日本へ移動し、日本文化の原型を創ったとしても不自然ではない。石器ばかりでなく、周口店の石灰岩層から出土するシカ・サイ・トラ・ナウマン象などの動物化石も、福岡・山口・栃木などの遺跡から発見されている。これらの動物は、海面が下がって日本と大陸が地続きになる氷河期に日本へ渡ってきたか、あるいは日本列島が形成される以前の新生代第三期末に渡来したのであろう。北京原人が大陸で生活していたのはちょうどこれに近い時期であった。したがって彼らの仲間が動物を追って日本へ来たことも十分考えられるのである。

この「北京原人展」では、広東省出土の馬覇人（約三〇万年前）と広西チワン自治区出土の柳江人（約四万年前）、それに北京原人と同じ周口店から出土した山頂洞人（約一万八〇〇〇年前）の人類化石も公開された。彼らが北京原人の子孫だとすると、その移動した先は中国北部の草原ではなく、南部の暖い森林地帯であったことになる。

中国大陸にかつて住んだ人類の先祖が、住み慣れた洞穴を捨て、南の暖い土地に移動した原因は、寒気の到来である。洪積世代には四回にわたって、アメリカ・ヨーロッパの北緯三五度あたりまで氷河が南下している。したがって、周口店附近からは北京原人に後続する人骨の遺跡はまだ発見されておらず、現生人類の山頂洞人がここに住みつくのは、洪積世も末期の氷河が遠退く頃になってからである。

III　謎の石造物

一　飛鳥随想

甘檮岡《あまかしのおか》にて

奈良県斑鳩《いかるが》の藤ノ木古墳から出土した金銅製の馬具が、地元斑鳩町の中央公民館で公開された。これを見ながら久しぶりに法隆寺へ参拝、ついでにここから二〇キロばかり南に下った飛鳥まで足をのばすことにした。

飛鳥では昭和六十年の暮れに大量の木簡が発見され、これが出土した飛鳥板蓋宮《いたぶきのみや》付近は、発掘時の痕跡がまだ生々しく残っていた。周囲をかこった板や地面を覆うビニールは、静かな古都のたたずまいに不似合いな感じを与えるが、きれいに整備されれば名所がまた一つ増えるだろうし、さらに飛鳥が日本文化のふるさととして、現在でもなお多くの遺産を秘めていることを知らしめてもいるようだ。高松塚古墳発掘のショック以来、人々の目は飛鳥に注がれ、新たな発掘が伝えられるたびに古代への夢を大きくふくらませてきたのである。いま、春の訪れを間近にした飛鳥の山や里を眺めていると、ここを舞台に展開した数々の歴史ドラマを憶い浮かべ、しばし万葉の世界へと心を誘われる。飛鳥の里が一望できる甘檮岡（味橿丘）からは容易に立ち去り難いのだ。

飛ぶ鳥の明日香の里を置きて去《い》なば
君があたりは見えずかもあらむ

『万葉集』には奈良県内の地名がおよそ九〇〇ばかり出てくるが、その約四分の一は飛鳥・藤原京の周辺に散在していると言われる。この地方が政治や文化の中心地として繁栄し、多くの万葉人から親しまれてきたことを示すものであろう。人々は大和三山をはじめ飛鳥川に抒情を託し、都が奈良に遷ってからは飛鳥を心のふるさととして愛惜したのである。

二つの飛鳥

奈良盆地の東南部に位置する飛鳥地方に、初めて都を置いたのは第一九代の允恭《いんぎょう》天皇（倭王済）で、五世紀中頃のことである。允恭天皇が即位した遠《とおつ》飛鳥宮はまだ確認されていないが、この天皇の代に氏姓の混乱を正すため諸氏を甘檮岡に集め、盟神探湯《くがたち》を行ったことが『日本書紀』に見えているから、都もここから余り離れていない所にあったろう。『古事記』が河内の近飛鳥（羽曳野市飛鳥）と区別するためにわざわざ遠飛鳥と記した場所は大和の飛鳥であり、応神・仁徳天皇陵に象徴される古代の大和王権は、允恭天皇の代に至って大阪平野からこの飛鳥地方に遷ってきたのである。

ところが、允恭天皇よりも五代後の顕宗天皇は近飛鳥八釣宮で即位しており、允恭天皇の五、六〇年後には都が再び難波地方に戻った印象を与えている。前の遠飛鳥を大和とするなら近飛鳥は当然これとは別な河内にある地名とみるのが穏当であり、河内には羽曳野市以外にも淀川沿いの飛鳥（大阪市東淀川区飛鳥町）など、これに比定し得る箇所も存するのである。

顕宗天皇が即位した近飛鳥八釣宮は果たしてどこか。この問題は大和の飛鳥地方が古代の政治・文化の中心地となった時期と微妙に関わっている。したがってこれまでにも様々の論議がなされてきたが、この近飛鳥八釣宮もまた現在の明日香村内にあったとする学説が強いようである。それは八釣の地名が甘檮岡の東側に残っており、近くの八釣山や八釣川も『万葉集』に詠われているからである。そうなると問題は二つの飛鳥をわざわざ遠近をつけて表記したわが国の古典にあり、この不統一とも言える記述をどう解するかにかかってこよう。

この点について坂本太郎博士は、記紀の「書き継ぎの当時、おそらくは大和盆地南部のあちこちに都のあった時の通念で、大和の飛鳥を近い所の飛鳥と見た故ではなかろうか」と言われ、古事記が一つの成書であるにもかかわらずこうした統一性を欠くのは、原史料となった帝紀や旧辞の矛盾を完全に克服していないためであるとも述べられている。

確かに、記紀が編纂された八世紀前半には都が奈良にあり、当時の人々は大和の飛鳥を近飛鳥もしくは単に飛鳥と称していたであろう。そしてこの考え方をもっと過去に遡及させれば、大和の飛鳥が遠飛鳥と呼ばれていた時点では都がまだこの地方に置かれていなかった証左にもなるのである。難波に都が存した時代は大和の飛鳥は遠飛鳥であったが、允恭天皇以後都が大和に遷ってからは、こちらが都に近くなり近飛鳥と称するようになったと解されるのである。飛鳥を表記するのに遠近をつけた背後には、古代における帝都の変遷が存したことを看過すべきではない。

日本文化のふるさと

ところで、允恭天皇が即位した五世紀中頃には、諸豪族が部民を管理しながら朝廷の政務を分担する氏姓制や部民制、さらには国造制なども成立し、天皇（大王）を中心とした政治組織も次第に整えられていったが、その反面では天皇の即位ごとに帝都が転々としており、当時の政権は不安定で、国家としての統一性も未成熟であったと見なされる。しかし六世紀中頃、つまり継体天皇が磐余《いわれ》玉穂宮に都を定めてからは、歴代天皇による宮殿が飛鳥を中心とした奈良盆地南部に築かれるようになり、およそ七世紀末までの一五〇年間に内部の対立や抗争を経ながらも古代国家としての統一が達成されるようになる。その中心が聖徳太子時代の推古朝にあることは言うまでもない。

いま飛鳥地方の地図を広げると、ここに築かれた宮殿や遺跡名で満たされている。推古天皇の豊浦宮・小墾田宮《おはりだ》をはじめ飛鳥岡本宮、板蓋宮に加え飛鳥寺や山田寺などの有名寺院も建立されている。ここで聖徳太子の政治が行われ、六世紀中頃に渡来した仏教文化が最初に開花したかと思うと感慨もひとしおである。奈良時代の天平文化を古代文化の華にたとえるならば、これより前の飛鳥文化はそれをはぐくみ育てあげた、まさに天平文化の原郷とも言うべきであろう。飛鳥地方は万葉人にとって心のふるさとであるばかりでなく、日本文化のふるさとでもあるのだ。

二　飛鳥の巨石 ——石舞台古墳——

石を握る。石を踏む。石に座る。——人間は様々なかたちでその感触と出会う。その感動は、言葉では語り尽くせぬ不思議な感覚に満ちて、生物と死物、現世と冥界との境を揺らぐ神秘的な存在として、われわれを呪縛する。古代人たちは、その堅強な感触に道具としての可能性を見いだし、あるいはその素朴な材質感に、自らの想いを刻み込むメディアとして石を選んだ。また同時にその永久性、不動性、神秘性を信仰の対象として畏怖し、敬い、多くの巨石信仰を形成させたのである。亀石、酒船石、石舞台。——飛鳥を歩くと実に様々なかたちの石に出会う。いったい誰が何のためにこれらの石造物を造り上げたのであろうか。石は黙して語らない。しかしそこには、この地に生きた先人たちのたくましい息吹を感じることができるのである。悠久の歴史の中で、人間のほとばしる情念を刻み込まれた石たちこそ、まさに人類が創造した文明の根源的実体の象徴とも言えるものではないだろうか。

石舞台古墳

明日香村島之庄の集落から冬野川に沿って多武峰《とうのみね》に抜ける道を徒歩で一〇分余り進むと、右手の低い丘陵上に巨岩を積み上げた石組みが見えてくる。国の特別史跡になっている石舞台古墳である。聖徳太子と並んで飛鳥時代の政治・文化をリードした蘇我馬子の墓と伝えられ、古都の観光に欠かせない場所となっているがもちろん確証があるわけではない。

江戸時代後期の『西国三十三所名所図会』にも石舞台とあって、すでに封土を失い巨大な天井石を露出している絵が描かれている。この上で旅芸人が芝居をしたと言われ、この遺跡の名称の由来ともなっているが、延宝年間に著された『大和旧蹟幽考』には、飛鳥浄御原宮のことを「細川村より四五町西なり、其の近き所に石太屋《いしぶとや》とて陵あり」と記し、この「石太屋」が転訛して石舞台となったとも考えられる。

この古墳に学問的なメスが加えられたのは今より五〇年前のことで、昭和八年と十年の二回にわたる大掛かりな発掘調査によって、初めてその全容をわれわれの前に現したと言ってもよいだろう。石室内に流れ込んだ土砂を搬出し内部の様子をうかがうと、巨大なる石材によって構築された横穴式石室が確認された。玄室《げんしつ》と羨道《せんどう》を含めた内部の全長は一九・七メートル、幅は玄室部で三・五メートル、高さは排水溝の下底より天井石まで四・八四メートルと、わが国でも最大級の石室である。さらに昭和十年の第二次調査では、周囲に外堤と空堀をめぐらしていることを検出し、

石舞台古墳

古墳の規模は一辺が五三メートルの方墳、または上円下方墳であることも判明した。

古墳の規模が大きいだけに世間では内部からの出土品に対しても期待を寄せたが、実際に出てきたのは墳丘内外に散乱していた須恵器や土師器の破片と、玄室内からはおそらく石棺の一部と思われる凝灰岩の破片が発見されただけであった。広い玄室には大きな家形石棺が様々の副葬品と一緒に置かれていたと想像できても、古墳自体が古くから開口し出入りも自由であることを考えると、途中で何人かにより搬出されたものと結論づけられたのである。

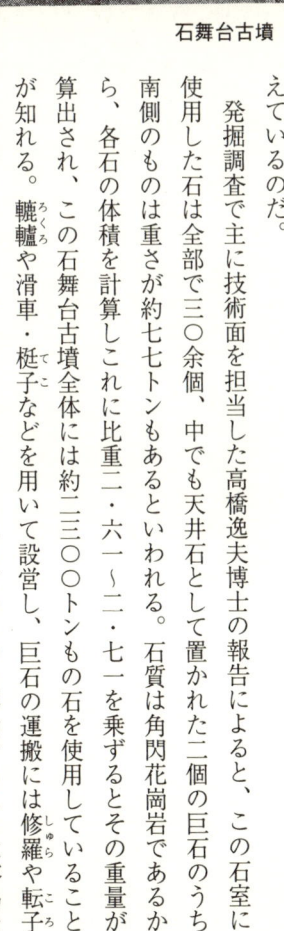

古墳の発掘と言えば世間の関心はとかくその出土品に集中する。かかる観点からすれば石舞台古墳の発掘は大方の期待を裏切ったことになるが、実はこの古墳を掘り出そうとした目的はその内部構造や築造技術などを解明することに置かれていたのである。歴史家だけでなく土木技術の専門家をも発掘の現場に引き出したのは、言うまでもなくこの古墳を構築しているあの巨石である。横穴式石室に比較的大きな石を用いることは心得ていても、石舞台古墳の場合はそれが余りにも大きく一般の常識を超えているのだ。

発掘調査で主に技術面を担当した高橋逸夫博士の報告によると、この石室に使用した石は全部で三〇余個、中でも天井石として置かれた二個の巨石のうち南側のものは重さが約七七トンもあるといわれる。石質は角閃花崗岩であるから、各石の体積を計算しこれに比重二・六一～二・七一を乗ずるとその重量が算出され、この石舞台古墳全体には約二三〇〇トンもの石を使用していることが知れる。轆轤《ろくろ》や滑車・梃子《てこ》などを用いて設営し、巨石の運搬には修羅《しゅら》や転子《ころ》を活用したであろうが、それにしてもこれほどのものを移動することは容易な

大阪府藤井寺市、道明寺境内の復元修羅

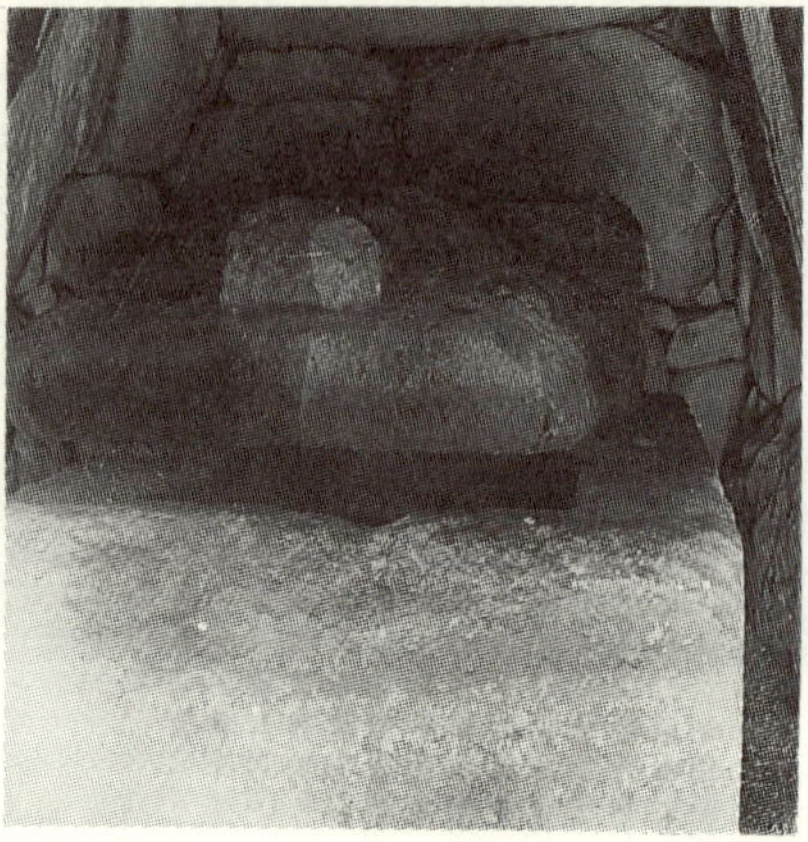

都塚古墳の家形石棺

作業ではない。

原石地に比定されている場所は、石舞台古墳から東南東へ約三キロほど離れた同じ明日香村内の大字上付近である。ここにあった三〇余の転石を石舞台まで運ぶには、一日少なくとも五〇〇〜六〇〇人が数カ月もの間労役に服さねばならないだろう。石の運搬が終わっても次はこれを据えつける作業がまっている。玄室および羨道の構築には三〇〜四〇人の石工が、他の労働者数百名と共に従事しても三、四カ月は要するものと推定され、先ほどの運搬等と合わせると築造には最低一年間はかかる計算になる。さらにこの古墳は今は巨大なる天井石を露出しているが、もとはこの上を土で覆っていたものと考えられる。巨石を運ぶことに比べたら封土の方は容易であろうが、それにしても周囲に八〇メートル余の外堤と空堀をめぐらすなど、古墳全体の築造には現代のわれわれの想像を上回るものがあるとしなければならない。その超えた部分が多いほど古代への思いも大きくふくらんでくるのである。

古墳は語る

古墳の発掘には出土品だけでなく、この古墳はいつ造られ、ここにはいったい推が葬られているか、といった興味や期待が伴う。内部から墓誌でも発見されない限りこの種の要求を満足させることは不可能であるが、被葬者を推理することは、推理自体が論理的なものであれば必ずしも無意味なものとはならないであろう。これまでに述べた石舞台古墳の形態・構造・技術等を手懸かりに、大まかではあっても築造年代を割り出すことはできないだろうか。

まず、この古墳は底面が四角形をした方墳あるいは上円下方墳であって、内部に横穴式石室をも有していることに注意したい。これは古式古墳には見られない形式と構造であろう。京都市山科にある天智天皇陵は上円下方墳の典型であり、方墳では大阪府太子町にある推古天皇陵や用明天皇陵が浮かんでくる。ことに推古天皇陵などは一辺七五～一〇〇メートルの東西にやや長い形態をしているが、墳丘には貼石が見られ、用明天皇陵も一辺約六五メートル、周囲には土塁と空堀をめぐらすなど、石舞台古墳との共通性を多分に含んでいる。用明・推古両天皇とも六世紀末から七世紀前半の人であるから石舞台古墳も当然その頃のものと推測されよう。しかし天皇陵の発掘が禁じられている現状では、両者を内部構造の面から比較し築造年代を割り出すことは不可能である。

甘橋岡より香久山を望む

したがって、古墳の研究にも一定の限界が存することをご理解いただかねばならないが、高松塚古墳の発掘を契機に終末期古墳への関心が高まり、その構造や技術等の比較から古墳築造の編年が試みられつつあることは貴重である。既存の質料を整理して大まかなグループ分けを行うと、飛鳥地方の古墳にも岩屋山古墳や文殊院西古墳と中尾山古墳やマルコ山古墳、牽牛子塚《けごしづか》古墳とでは築造方法に大きな違いのあることが分かってきた。前者は切石などを使用して広い横穴式石室を構築し、ここに家形石棺などを安置しているのに対し、後者は墳丘中央に切石造りの横口式石槨を設け、羨道は狭い墓道へと変化している。古墳全体の規模ばかりか内部の施設まで狭小簡略化されているのである。いま問題の石舞台古墳が前のグループに所属し、この方が後のものよりも築造年代の上で古いことは言うまでもなかろう。七世紀中頃には古墳の規模を縮小化する施策がとられ、さらに仏教による火葬などの影響によって、死者の埋葬形式にも大きな変化が見られるのである。

大化二年（六四六）三月に発布された薄葬令《はくそうれい》は、それまでの厚葬や殉死を抑制するために、宮廷での身分や冠位によって墓の規模を六つの等級に分けている。それによると最高の王以上（皇室）でも古墳の内部が長さ九尺（三・一五メートル）広さ五尺（一・七五メートル）とあり、外域すなわち古墳の外側も方九尋《ひろ》（一五・七五メートル）高さ五尋（八・七五メートル）とあって、これを一日一〇〇〇人の労働力で七日以内に終了するよう令達している。この大きさを大阪府太子町の伝聖徳太子磯長《しなが》陵と比較すると、規模は半分以下であり、もちろん石舞台古墳にははるかに及ばない。右に述べた二つのグループのうち中尾山古墳やマルコ山古墳は、構造や手法、出土品などから大化薄葬令以後のものと考えられるのに対し、広大な横穴式石室をもった石舞台古墳の一群は、これより以前の、すなわち墳墓に対する規制がまだ行われていなかった七世紀前半頃に築造された古墳と見なされるのである。

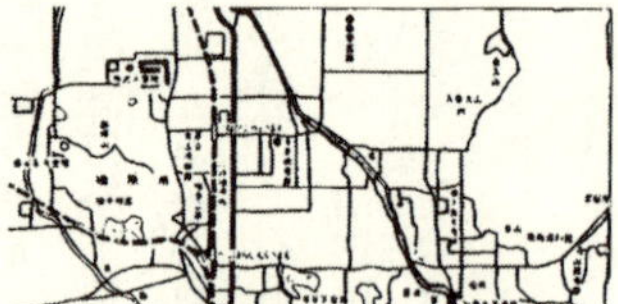

岩屋山古墳の横穴式石室　中尾山古墳の横口式石槨

なお、石舞台古墳の年代を探るもう一つの方法として高麗尺《こまじゃく》の使用があげられる。この古墳の玄室は長さが約七・七メートル、幅は三・五メートルあるが、これを高麗尺（一尺は約三五センチ）に換算すると二二尺と一〇尺になり、玄室だけでなく外堤の方もこの尺度で割り切れることが報告されている。高麗尺は、もちろん朝鮮半島の高句麗より日本に入ってきたもので、その時期は六世紀後半と推定されよう。渡来人によって高句麗の文物と共にもたらされ、飛鳥寺だけでなく前の岩屋山古墳や天王山古墳（桜井市）、金山古墳（大阪府）においても使用が認められている。高麗尺に代わって唐尺（一尺は約三〇センチ）が正式に採用されたのは大宝律令以後であるが、これは令以前に用いられていたものを公用化したにすぎないから、その転機は大化改新頃にあると考えられよう。高麗尺は六四五年の大化改新よりも前の常用尺であり、これを使用した遺跡は当然その年代が相当狭められてくるのである。

被葬者の推理

これまでに述べたことから、石舞台古墳は七世紀前半頃に造られ、しかも当時としては天皇陵に匹敵するほどの大規模なものであったことが理解されよう。古墳の大きさがここに眠る被葬者の政治的地位や権力の強大さを象徴しているとするならば、この巨石古墳の主こそ当時における最高権力者であり、ちょうどこの古墳近くに邸宅を構えていた蘇我大臣《おおおみ》馬子をおいて他に比定し得る人物は見当らない。彼は父稲目の跡を継いで大臣となり、敏達《びたつ》・用明《ようめい》・崇峻《すしゅん》・推古《すいこ》と四代にわたって五〇年以上も政治の実権を把握している。ライバルの物部氏を滅ぼし、自分で擁立した崇峻天皇が言うことをきかなくなるとこれを殺害するなどの専横をきわめたが、姪の推古天皇が即位してからは聖徳太子と並んで古代国家の建設に大きな足跡を残しているのである。

『日本書紀』によると、馬子が没したのは推古天皇三十四年（六二六）五月で、桃原の墓に葬った二年後には蘇我氏一族が皆集まって馬子のために墓を造ったことを記している。桃原は大和の飛鳥にある地名で、馬子の私邸のあった島之庄の近辺と考えられるが、二年後に墓を造った場所というのは不明である。ただこの墓の造営は「蘇我氏の諸族等悉《ことごとく》に集いて嶋大臣（馬子のこと）の為に墓を造りて墓所に次《やど》れり」とあるように、蘇我氏一族が現地の墓所に宿舎を構えるほど大掛かりなものであったことが注意される。『日本書紀』の記事は墓の造営そのものについて述べているわけではないからこれ以上のことは分からないが、当時皇室をも凌ぐ実力をもった蘇我氏が一族の総力を結集して造った墓としてはこの巨石古墳が最もふさわしいと言うべきであろう。『日本書紀』があえてその所在地を記さなかったのも、これが他所の土地ではなく蘇我氏の邸宅や桃原墓から近い距離にあったためと推察されるのである。

古代の飛鳥朝廷は、聖徳太子に続いて蘇我馬子を失い女帝推古の嘆きもさぞかしひとしおであったろう。この二年後には天皇自身も七十三歳で没し、三人の主役がこの世を去った後には、待ち構えていたかのように皇位継承をめぐる紛争が起きている。当時後継者と目されていたのは、聖徳太子の長子の山背大兄王《やましろのおおえのおう》と押坂彦人太子《おさかひこのたいし》の子の田村皇子である。死期の迫った老天皇は二人を枕元に呼んで後事を托したが、皇位についてははっきりした意志表示をしなかったために、死後諸氏族の間で皇位継承問題が論議されたのである。

中でも注目されるのは蘇我氏の動向であろう。大臣家の蘇我氏は、馬子の子蝦夷《えみし》が中心となって事態の収拾に努めているが、一族の間にさえ山背派や田村派があって容易にまとまりそうもない。かかる最中に蘇我氏一族に皆号令して馬子の墓の建設が開始されたのである。『日本書紀』によると、山背大兄王を支持する蝦夷の叔父、境部臣麻理勢《さかいべのおみまりせ》は、周囲の煮え切らない態度に立腹して馬子の墓造営中の宿舎を壊し、自分の田荘《たどころ》（私有地）に帰ったことを報らせている。父の跡を継いで間もない蝦夷にすれば、こうした一族の分裂状態こそ最も恐れていたことであったろう。亡父の墓を造ることによって蘇我氏一族の結束と権勢を内外に示そうとしていた時だけに、麻理勢の行動は断じて許し難い。彼はすぐさまこれを攻め滅ぼし、一方の田村皇子の支持に踏み切るのである。後の舒明《じょめい》天皇である。

三　飛鳥の石造物
――道祖神石・酒船石・猿石など――

飛鳥を歩くと、所々で、奇妙な形をした石に出会う。道祖神石、須弥山石、猿石、亀石といった人間や動物の像をユーモラスに彫ったものもあれば、酒船石や益田岩船など、重量が四〇トン以上もある巨石も存する。これらはいったい、だれが、いつ、何のために造ったのであろうか。平安の昔より、ここを訪れた人々によって、観察や調査の報告がなされても、これらの石造物は容易にその正体を明かそうとしない。それればかりか、時にはわれわれの営為を弄んでいるかのように見えることもある。だが、考察の糸口はある。日本国内でも、特定の飛鳥地方にだけ存すること、共に花崗岩を使用し、意匠・彫法などに共通性が見られることなど、各遺品には相互に有機的な関係があると考えるべきであろう。最近の考古学的成果なども考慮しながら、謎の石造物を追ってみることにした。

謎を解かれた石造物

明治三十六年に、飛鳥小学校の裏側の田圃から、花崗岩でできた高さ二メートル弱の石人像が発見された。細長い自然石に男女二人を丸彫りした二人像である。男は腰掛けた姿で、右手に角杯を持ち、それを半開きの口もとへ当てているのに対し、女は男の背後から抱きつくポーズをとっている。大きなだんご鼻に厚い耳、どんぐり眼を見開いた表情は陽気でユーモラスであり、後述の猿石や二面石などとも共通した特色をもっている。これを道祖神石と呼ぶのは、男女像が江戸時代ごろに造られた神像風の道祖神と似ているからであろう。だが、製作年代は両者の間に大きな開きがある。

一方の須弥山石も、石人像と同じ場所から発掘されている。この方は三個の花崗岩を三段に積み重ねた形で、全高は二・三メートルである。表面に山の模様を浮き彫りし、その連続文様が須弥山のように見えるところから須弥山石と称してきたが、三個の石を分解し、その内部構造を調べると、いずれも内側をくり抜き、細い管《くだ》が数箇所にあることも分かってきた。底から引き上げられた水は、下の石のくり抜かれた部分にたまり、これが小孔から四方へ噴き出るように造られているのである。また、下からは二本の管によって上に水が送られるようになっているが、現在ある中の石はこれとつながらないから、上下両石の間にはもう一石あったことになろう。ともあれ、私たちが須弥山石として親しんできたのは、実は古代の噴水施設であることが判明したのである。

石人像と須弥山石は、同一箇所から発掘されていることからも、両者は互いに関連性をもっている。石人像の方もまた右の要領で実験すると、下から一本の管を通って上った水は途中で二分され、男性像の口に当てられた杯と女性像の口からあふれ出たのである。現在の石人像はちょうど杯の下の部分が欠け、枝分かれした管が露見しているので外部からでも様子を確かめることができる。

石人像・須弥山石共に古代の噴水施設で、これらが発掘された石神《いしがみ》の付近からは、溝や石敷きなどの遺構も確認されている。さらに、『日本書紀』の斉明天皇三年（六五七）七月の条には、「須弥山の像を飛鳥寺の西に作る。また、盂蘭盆会《うらぼんのをがみ》設く、暮《ゆうべ》に覩貨邏《とから》人に饗《あへ》たまふ」と、須弥山像を飛鳥寺の西方に造って、日本に漂着した覩貨邏（吐火羅とも書く。今のタイ国、メコン川下流の王国ドヴァラヴァティとする説が有力）人を饗応したことが記されている。これに似た記事は斉明紀の五年三月、同六年七月の条にもあり、須弥山像を造った場所も「飛鳥寺の西」「甘樫丘《あまかしのおか》の東の川上《かわら》」「石上池の辺《いそのかみのいけほとり》」と、数箇所に及んでいる。

これら斉明紀に見える須弥山像が、現存の須弥山石と一致するかは、なお検討の余地を残しているが、石人像、須弥山石共に庭園施設としての内部構造を有し、その使途が判明した以上は、これらが飛鳥を訪れた異人や蝦夷《えみし》を饗するためのものであったと解すべきであろう。

　橘寺から亀石の前を通り西へ進むと、小丘の斜面に鬼の俎《まないた》・鬼の雪隠《せっちん》（便所）といわれる大きな花崗岩製の加工石が横たわっている。道路の上にある俎は、長さ四・三五メートル、幅三・三メートルに周囲が枠取りされており、雪隠の方は、内部を深さ一・三メートル、幅一・五四メートル、長さ二・八メートルと長方形にくり抜かれた姿を道路下の斜面にさらしている。昔、この辺りには鬼が出没し、往来の人を捕えては上の俎で料理し、下の雪隠で用をたしていたという伝説があり、いつの間にかこの石造物の名前となったのである。

鬼の俎

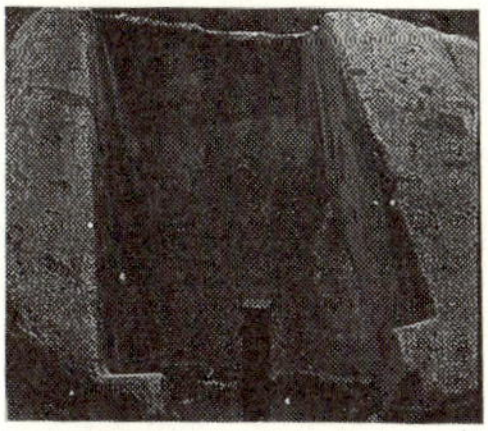

鬼の雪隠（以前は俎の上部に置かれていたと推定される）

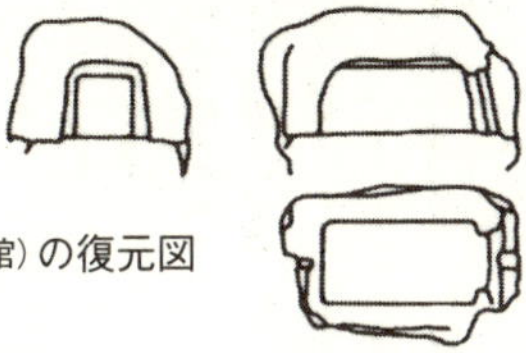

鬼の俎・雪隠（横口式石棺）の復元図

　しかし、これをよく調べてみると、俎と雪隠は対のものであり、古墳の石室が分離したものであることが判明した。つまり、俎の方は石室の底部で、この上に凹形の雪隠がかぶさって古墳内の石室を構成しているのである。さらに、この古墳の石室となる鬼の雪隠のくり抜かれた部分は、長さと幅が唐尺《とうじゃく》に換算するとちょうど九尺と五尺になり、厚葬を制限した大化薄葬令《はくそうれい》の規定とも一致している。そうするとこの鬼の俎・雪隠古墳は、少なくとも大化二年（六四六年）よりは後の造営となり、ここに葬られた人も王か大臣クラスの人物が想定されるのである。

　明日香村岡の集落から飛鳥寺に向かって行くと、道路右手に竹やぶとなった丘陵地があり、ここに酒船石と呼ばれる巨石が居座っている。長さ五・三メートル、幅二・三メートルの上面を平らにし、ここに円や楕円の浅いくぼ

酒船石

みを造り、細い溝で結んでいる。まるでパズルを見るような面白さがあり、私たちに知的空想を楽しませてくれる。しかし、これを造った目的や意味を突き止めることは至難で、かつてここを訪れた本居宣長も、「そもそも此石、いづれの世、いかなる由にてかくつくれるにか、いと心得難き物のさまなり」（『菅笠日記』一七七二年）と言っている。

　宣長はまた、この巨石を里人が「むかしの長者の酒ぶね」と称していること、高取城を築いた時にこの石の両側を割り取ったことなども報らせている。巨石に残るノミ跡はおそらくその時のものであろうし、長者がこれを使って酒を造ったという伝承は、この石の用途を推理する私たちの発想を規制したと言ってもいいだろう。つまり、上面の三方に放射している溝は、何か液体を流して沈殿させる施設であり、油や薬などを作るためのものではないかと考えられてきたのである。

　しかし大正年間には、ここから西南へ四〇〇メートルほど離れた飛鳥川の沿岸で、これと似た軍扇形の刻みのある加工石と、細い石材に溝と貯留穴をもった二個の石材が発掘され、しかもこれらは組み合わせて水を流すようにできていることも知れた。同じ液体でも菜種油や辰砂《しんしゃ》（丹朱）の製造に使用した方が、この巨石の実用性を高めることになるが、実際はもっと単純な目的のために造られているのである。前に紹介した石人像や須弥山石と同じく、酒船石も庭園の施設とする見方が有力である。

彫像石の謎

近鉄吉野線の「飛鳥」駅から徒歩で五分ばかりの吉備姫王墓内には、樹木に覆われて、花崗岩製の彫像石が四体置かれている。高さはどれも一メートル前後で、四体のうち三体は裏にも顔を彫っている。表情・姿態とも異様で、大きな目に鼻はあぐらをかき、口を突き出して猿のような顔をしたものもあれば、顔を斜めにし遠くを見ている羅漢《らかん》のような姿もある。いつ頃から猿石と称されるようになったかは知らないが、これに類する遺品は、ここから東南へ五キロほど離れた高取城跡にも一体ある。

吉備姫王墓の猿石は、江戸時代に付近の田の中から発掘されたと伝えられている。高取城のものも築城の際にわざわざ運んだともいわれ、丸顔に目を大きく見張った猿の像は、両者が同一の手法と共通した特色を有することを物語っている。さらに、これらの像をよく観察すると、手は五指で、これを胸上にあわせたり、両手を前にまげたりし、下部には陽物を現しているのが見える。したがってここから、生殖器崇拝の風習として造られた庚申像ではないかとする学説も出てこよう。しかし、各像の全体から受ける感じは素朴で土俗的な印象が強い。性にまだ開放的であった原始・古代社会の産物たることを思わしめるが、製作の由来、年代については何ら伝わらないのである。

吉備姫王墓の猿石から橘寺に向かって東方へ進むと鬼の俎・雪隠があり、ここからさらに三〇〇メートルばかり行った田の中に厳然とかまえた亀石がある。長さが三・六メートル、重さ四〇トン以上もあろうかといわれる花崗岩の石塊であるから、昔からここにあったものであろう。巨石の下部に眉形や厚い目蓋《まぶた》、さらに前脚をまげてうずくまる亀の面貌を彫っている。地面に吸い付くようにのばした上唇は、前述の猿石にも見られた彫法で、腹に当たる部分には益田岩船と同じ格子状の溝が残っている。

ただし、由緒や製作年代については全く不明で、亀石のある場所が川原寺の四至《しいし》（西隅）に当たるため、その標石ではないかという説も出ている。しかし、これは何とも苦しい解釈で、寺域を示すことが目的であれば、わざわざ亀

吉備姫王墓の猿石

亀石

二面石

益田岩船

の像を彫る必要もなかろう。地元ではこの亀石について、初めは南の方を向いていたが少しずつ動いて西方に向きを変えており、やがてこれが真西を向けば附近一帯が海となって沈んでしまうという伝説がある。亀を水霊や地霊とみる古代の呪術的な信仰によるものであろうが、あるいはこうした伝承の中に亀石を造った本当の意味が隠されているのかもしれない。

猿石や亀石に対して人間の像を彫った遺品が、橘寺と高取町の光永寺に保存されている。現在橘寺太子殿の南側に置かれている二面石は、江戸時代に付近から運ばれてきたもので、本来安置されていた場所や由来などは分かっていない。高さ一メートルほどの太い柱状の石材を用い、これの南北に人面を彫り、その様相は各異なっている。一方が大きな目に口をつぼめ、顎をゆがめるようにしているのに対し、他方は目を垂れ、鼻や口もまがって、虚無的な雰囲気を漂わせている。寺伝によると、人間の善悪二相を表したものと解されているが、仏教に関係した遺品とするには疑問があろう。

光永寺にある人頭石は最近になって発見されたもので、模造品が飛鳥資料館に置かれている。高さ八四センチ、幅一〇五センチの方柱石を使って人面を大きく彫っており、その面相は飛鳥時代の伎楽面《ぎがくめん》に似ている。上部には深さ一五センチの丸い穴があるが、これは後代に手水鉢として使用した時に彫ったもので、当初からの細工ではない。

造立の背景

さて、右の石造物がある飛鳥地方は、日本文化のふるさとであり、わが国で最初の仏教文化が開花したところでもある。したがって宮跡や寺院に関係したものであれば、何らか文献に記載されるであろうし、そうした所伝の無いことが、これら石造物の謎を一層深めるのである。造立の背景を考える場合にまず考慮すべきことは、各遺品に見られる表現の意味と同時に、これらが発掘された場所が確認されねばならない。とかく私たちの目は出土品の方に注がれやすいが、遺跡と遺物は一体なのである。

石人図　藤井貞幹著『好古日録』（日本随筆大成）より

吉備姫王墓内の猿石が江戸時代に付近の田の中から発掘されたことは前にも述べたが、これについては江戸後期の『大和名所図会』（寛政三年自跋）に、「此陵を御経山ともいふ。此山に石仏の四体あり。内三体は背にも一面づつあって両面の像也。（中略）元禄十五年十月五日、平田村池田といふ所にて掘り出せし石像なり。面貌猿の面なりとて、掘出しの山王権現と称す。」と記している。此陵というのは吉備姫王墓に隣接する欽明天皇陵のことで、猿石が発見された平田村池田は、ちょうどこの陵の南側の田の中であることも確かめられている。そうすると吉備姫王墓内に現存する猿石は、元禄年間に田の中から発掘されたのち欽明天皇陵に据えられ、その後陵地修造などの事情で、現在地に移されたことが知れるのである。だが問題は江戸時代以前、つまりこれらの猿石が土中に埋まる前はどこにあったかが重要なポイントとなってくる。

黒川真道氏は、『今昔物語』に、「此レ元明天皇ノ桧前《ひのくま》ノ陵也、石ノ鬼形共ヲ廻シ、池辺陵ノ墓様に立テ、微妙ク造レル石ナド、外ニハ勝レタリ」とあることに注意され、元明天皇陵とあるのは実は欽明天皇陵の誤りであること、したがって、『今昔物語』の著された十一世紀頃には、欽明天皇陵の回りに墓様に立てた鬼形の石像があったことになり、これこそいま問題の猿石であると主張された。黒川説が発表されたのは明治三十年であるが、これに対する批判は氏の推理よりも、考証の基礎となった今昔物語にあると言えよう。右の記事は果たして信頼できるか、鬼形の石像と猿石の同一性など疑問はあるが、猿石を遺品として単独に取り扱うのではなく、これが発掘された遺跡との関係を重視し、その上に造立の目的や意味を解そうとした態度は、学問的であったと評することができよう。換言すれば、猿石は欽明天皇陵の築造と関連することによって、研究の突破口が開かれたのである。

最近になって斉藤忠博士は、猿石の祖型が百済の弥勒寺石塔の四隅に置かれた石像にあることを述べられ、猿石の造立年代を「七世紀後半あるいは中頃のもの」と推察されたが、これなども前述の黒川説を継承し発展させたものと言えよう。ただし、猿石の原位置には寺院や塔の存在が確認されていないこと、さらには欽明天皇の崩御（五七一年）と猿石の造立との間に一〇〇年ほどの開きがあるなど、今後検討されるべき問題点も多い。飛鳥の石造物を覆った謎のベールは、現在もなお完全には剥がされていないのである。

一　筑紫の王者磐井と石人・石馬

福岡県南部の久留米からバスで三〇分ばかり田園地帯を南行すると、お茶の産地として名高い八女市に着く。市の北方には低い丘陵が細長く東西に連なっており、その長さは七、八キロにもなろうか。この丘陵上には現在古墳が大小合わせると八〇基も確認されている。古墳のいわば銀座通りの中で、さらにこれを特徴づけているのは、これらの古墳からは石人や石馬などの石像品が多数発見されていることであろう。

中でも筑紫《つくし》の国造《くにのみやつこ》磐井《いわい》の墓として有名な岩戸山古墳は、この丘陵の中心部にあり、全長一三二メートル、墳丘周囲には幅約二〇メートルの周堀と外堤を持った九州でも最大級の前方後円墳であるが、ここからは計八〇点もの石像品が発見されている。丘陵西端の筑後市にある石人山《せきじんやま》古墳、それに県南端の三池郡高田町にある石神山《いしがみやま》古墳なども、丸彫りの甲冑を装着した等身大の立派な石人をもつことで有名である。

これらの石像品は、いつ頃、何のために造られたのであろうか。私見を述べる前に、まず日本のどの地方から石人・石馬が発見されているか。全国的な分布の様子から見ることにしよう。

九州と山陰にのみ分布

古墳の墳丘や裾などから出土する石像品を、いつの間にか石人・石馬の名で呼んでいる。実際に石で造った人や馬が出てくることもあるが、これら以外の例えば盾《たて》や靫《ゆぎ》（矢を入れる器）、それと鶏、猪などの石製品であっても石人・石馬の中に含めることにしている。

さて、こうした石人や石馬の存在は全国的に見ても限られており、九州地方のほかは僅かに鳥取県に存するのみである。九州の場合は福岡県南部（筑後）に五箇所、熊本県北部（肥後）に九箇所、大分県（豊後）に二箇所と三県一六箇所にわたっているが、鳥取県（伯耆）の場合は県西部の一箇所だけである。

これらの結果から石人・石馬は九州中部と山陰の一部にのみ存する、特殊な古代文化ということになるが、これらの地域はかけ離れているようでも、大陸文化の輸入に対しては門戸の位置にあり、したがって共通の条件下にあると言えよう。さらに九州での分布地域は、五二七年に大和王権に対し反旗を翻した、筑後の国造磐井の支配地とも一致する。こうなると石人・石馬は、地方産出の単なる考古学的遺物としての存在を越えて、日本の古代史と深く関わりをもつことが理解されよう。江戸時代以来、多くの先学がわざわざ現地に石人・石馬を訪ね、今日なおもわれわれに学問的関心を喚起して止まない所以《ゆえん》である。

石人・石馬の種類

ところで、発見された石人・石馬にはどんなものがあるか、実際の出土品を一瞥することにしよう。人像、馬像に続けて靫・盾・短甲（胴部を覆う短い甲《よろい》）・刀・坩《つぼ》・翳《さしば》（儀礼用の道具）・蓋《きぬがさ》（儀礼用の笠）などの器財類、鶏・猪・水鳥などの鳥獣類が発見され、人像は男女両性、立像坐像、衣類を着けたものや裸形のものなどに分けられる。

これらの中で特に注目されるのは、立体形をした円体石人と板状の扁平石人の存在であり、前者は衝角付きの冑《かぶと》をかぶり、身部には剣道の胴のような短甲と草摺《くさずり》を着けた武人像である。後者の扁平石人は奴凧《やっこだこ》風に両袖を広げ、背面には靭を負い、頭髪は古代の代表的な髪型である美豆良《みずら》に結うている。以上の石人は等身大かこれよりやや小さめのものであるが、裸形石人はいずれも円体で、高さ五〇センチ以下の小形坐像か、人体の一部分しか残っていない。これらは日常生活での姿態や動作を表現し、裸形の男女像は乳房や陰部を露出したりしている。

一方の石馬は、岩戸山古墳と鳥取県西伯郡淀江町の石馬ケ谷古墳から出土した二体だけで、長さは一五〇～一六〇センチであるが、共に両足を欠失している。馬具を装着したいわゆる飾馬《かざりうま》で、背に鞍《くら》を作り出し、手綱、胸懸《むなかい》などを着けた状態を表し、特に石馬ケ谷の石馬は立髪や顔面など、単純ではあるがはなはだ写実性に富んでいる。

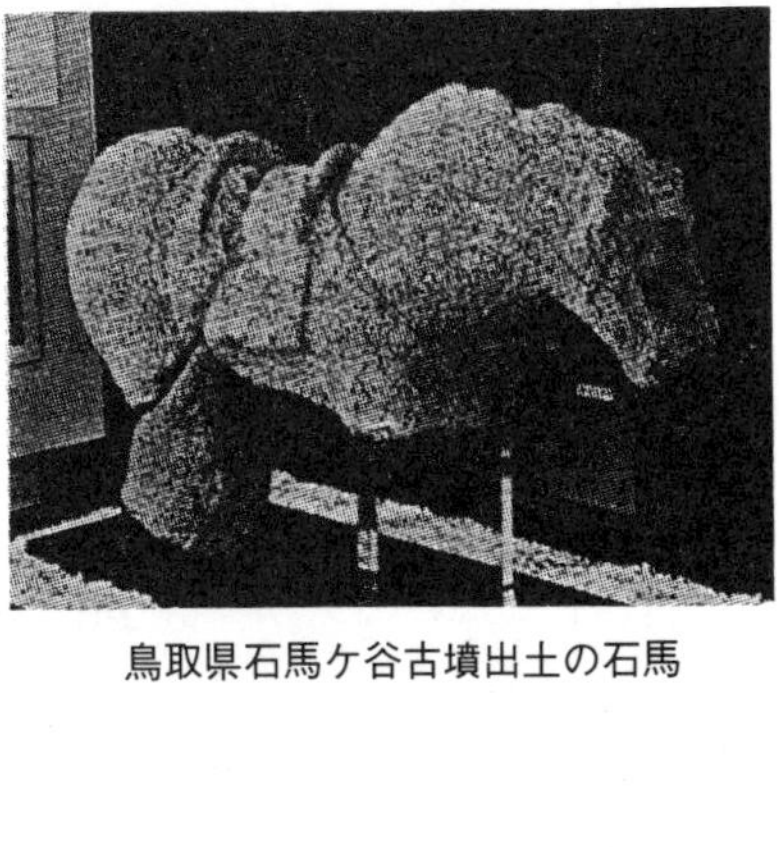

鳥取県石馬ケ谷古墳出土の石馬

墳頂に立つ武装石人

筑後市の石人山古墳は全長約一三〇メートルの前方後円墳で、後円部の前面に石室を設け、この中に武装石人を保管している。現存の箇所が石人の原位置らしいことは、江戸時代に地元学者によって描かれた写生図を見れば明らかである。また石神山古墳の場合は、一九一一年に後円部墳頂から大中小三個の刳抜《くりぬき》式舟型石棺が発見されている。この墳頂上に立つのが現存の武装石人であり、これが古くから信仰の対象となったために石人が石神となり、石神山古墳の名称まで生まれたのである。

以上の二例は、石人・石馬の性質やこれを造った目的を知る上で示唆に富んでいる。つまり、石人・石馬が古墳とどう関わりをもつかは、これが墳丘のどこから発見されたか、その出土地点が重要な意味をもつからである。すでに明らかなように、石人・石馬は墳丘の、しかも前方後円墳では後円部の頂上より少し下ったくびれ付近から出土していることに注意しなければならない。石人山古墳にあっては、この前方部に緑色片岩の平石積みによる横穴式石室が開口し、石室内には直弧文と円圏文を彫刻した横口式石棺が安置されているのである。したがって後円部前面に立つ円体武装石人からは、この石室や石棺を足下に睨《にら》み、石室内への闖入《ちんにゅう》はいかなる者といえどもこれを阻止するといった、厳しい形相を窺うことができるのである。

『筑後国風土記』が伝える古代のドラマ

久留米藩の学者矢野一貞の著『筑後国史』には、「文化五年冬、伊勢社前より掘り出せる二枚云々」と、岩戸山古墳の後円部墳丘にある伊勢社の辺りから、江戸後期に二体の石人が出土したことを告げている。そして一九二四年には、墳丘の一段目南側くびれ部辺から靭を負うた扁平石人が、さらに一九六三年夏の集中豪雨では前方部北側の墳丘がくずれ、ここからも扁平石人や靫・刀などが出土しているのである。

ただ岩戸山古墳は他と違って、外堤に続く東北隅に一辺四三メートルの方形をした区画(別区)があり、ここから武装石人のほか、これまでとはやや趣を異にした裸形石人や鳥獣・器財類が発見されている。これらの出土品についてはすでに先学が触れているように、八世紀前半にできた『筑後国風土記』逸文(残っている断片の文)に、次のような記事を収めている。

上妻《かみつやめ》の県《あがた》の南二里、筑紫君磐井の墓墳あり。高さ七丈周り六丈、墓田は南北各六十丈、東西各四十丈。石人石盾各六十枚、交《こもごも》列をなして陣《つらな》り、四面を周匝《めぐ》らす。東北の角に当たりて、一つの別区《ことどころ》あり、号して衙頭《がとう》という。その中に一人の石人あり縦容《しょうよう》と地に立てり、号して解部《ときべ》という。前に一人あり、裸形で地に伏す、号して偸人《ぬすびと》という。側に石猪四頭あり、号して賊物《ぞくぶつ》という。彼の処に亦石馬三疋、石段三間、石蔵二間あり。

これらの中の石人、石盾、石馬、石猪に比定される遺物はすでに発見されているが、解部（裁判の際尋問する人）と偸人（罪人）に相当する人像は判然としない。裸体でひざまずいた像が数体見つかっており、偸人は果たしてこれらを指すのであろうか。石殿や石蔵の類はまだ発掘されていない。

ところで、現存する石像品の出土状況がまちまちであったり、あるいはせっかく発掘されても現地から持ち出され、所在不明となったりはしても、右の風土記にこれらが岩戸山古墳の中でどのように配置されていたか、その様子まで記していることは貴重である。本文中に墓田とあるのは墓域、すなわち墓壇と墳丘よりなる後円部のことで、この墳丘周囲には石人や石盾六〇枚が列をなしてめぐらされていた。また、東北隅には衙頭（政をする所）と称する別区があり、ここにはゆったりと地に立つ石人の解部と裸体で地に伏した偸人、さらに賊物としての石猪四頭があり、他にも石馬が三疋、石段三間、石蔵が二間なども存したと、当時の様子を細かに記しているのである。

岩戸山古墳が石像品の数量だけでなく、その種類においても他を圧しているのは、別区に当時の裁判の様子を石像でもって具象化しているからであろう。筑紫君磐井は風土記に「生平之時預造此墓」と、生前に自らの墓である岩戸山古墳を造ったことが記されている。彼は大規模な古墳を造営することによって、強大な権力を誇示すると共に、その片側には衙頭を設け、政治の厳しい現実をドラマ化して人々の見せしめとしたのである。

石人・石馬と埴輪

石人・石馬が古墳の墳丘から発見されることは、これらが石室や石棺内の副葬品として使用されたものではないことを示している。つまり、石人や石馬は古墳の表飾物として造られたものであって、こうした文化や風習の源流を尋ねようとすれば、誰もが思いをいたすのは大陸の墓制との比較であろう。事実、中国では漢代から宮室・廟堂や墳墓の前面などに、石人・石獣を立てる風習が見られ、山東省曲阜《きょくふ》の孔子廟に保存されている二体の石人や、同じく山東省嘉祥県の武氏祠にある石獅、済南の博物館や河南省洛陽の周公廟陳列室の石獣などが有名である。

しかし、これら中国の古代墓制と日本の石人・石馬を結びつけようとする考古学者は少ない。それは漢代における石人・石獣の遺例が少なく、この風習が中国において本格的に展開するのは、六朝を経た後の唐の時代を俟《ま》たねばならないからである。したがって、隣の朝鮮半島に石人・石馬が伝えられるのも、七世紀の新羅統一時代に入ってからであり、慶州新羅王陵の前面に立つ石人などは大いに注目されるが、日本の石人・石馬よりは後代の作品なのである。

海外よりも国内に目を転じなければならない。石人・石馬と同じような目的で造られたものに埴輪があることは誰もが認めるであろう。特に石人・石馬が円筒埴輪や形象埴輪を伴って出土していることに注意を要する。岩戸山古墳の場合は墳丘各段にめぐらされた円筒埴輪の内側から石人が発見されており、石人山古墳も墳丘を円筒埴輪で囲んでいたことは、その破片の散乱によって証明されるが、埴輪はこれら円筒形だけでなく、鎧《よろい》をつけた人物像や家形のものも出土している。

形象埴輪には人物や家のほかに、犬・馬・牛・鹿・猪・鶏などの動物や、盾・靫・鞆《とも》・甲冑・草摺などの武器や武具、蓋《きぬがさ》・翳《さしば》など生活に関係した器物が造られ、その種類は前掲の石像品をはるかに超えている。特に、石人・石馬に見られた武装の人物像や飾馬に至ってはより精巧・緻密にできており、しかも出現の時期は石人・石馬を少なくとも二〇〇年は上回っているのである。そうすると石人・石馬は、古墳を築造する際に土製の埴輪を墳丘に立てる風習を享《う》けて、その人物や動物の像を石造化したものと考えることができるであろう。むろんその背後には、地元阿蘇山から噴出された軟質の凝灰岩が豊富に存したことは言うまでもない。

埴輪の起源

『日本書紀』の垂仁紀には、埴輪の起源について次のような説話を載せている。

一一代垂仁天皇の時、天皇の弟の倭彦命《やまとひこのみこと》が亡くなりこれを葬ったが、この時近習の者もことごとく生きながら陵内に埋められた。彼らは生き埋めにされたまま数日間泣き続け、やがて犬や鳥が集まって肉をつつきだしたので、天皇はこうした悲惨な状態を見兼ねて殉死を止めさせたという。間もなく皇后の日葉酸媛《ひばすひめ》が亡くなった時、野見宿祢《のみのすくね》が建議し、出雲国の土器づくりを集めて人馬や器物の形を造らせ、これを生きた人間に代えて陵墓に立てさせることにした、というのである。

殉死の代わりに埴輪を造りだしたというだけに、実際に古墳から出土する埴輪には人物や動物を模したものが多い。しかし、これらと同じぐらい円筒埴輪といって、古墳の墳丘上に立てた赤褐色または淡褐色をした筒形や楕円形の素焼土製品も著しいのである。さらに家や武器・武具類、行列具・食膳具類と、出土器は広範囲に及び、これら多数のものが墳丘上から発見されるところに、従来の殉死代用説だけでは包みきれない問題があると言えよう。

今日では埴輪を殉死とだけ関連づけないで、広く古墳の表飾物とみる考え方が支配的である。特に人物埴輪などは後円部中央の主体が埋葬された上部付近に立って、前述の武装石人と同様、悪霊が墳墓内に入るのを防止する役割を担わされているのである。なお、短甲や盾、刀などども人物埴輪や石人に次いで多く発見されている。これらの武器・武具類はそれ自身が避邪の呪力をもつものと信じられたからであろう。石製品では大分県や熊本県の古墳から立派なものが出土している。

石人山古墳出土の武装石人

石人・石馬の消滅

『筑後国風土記』によると、磐井をとり遁《にが》した官軍たちは憤うて彼の墳墓を襲い、石人の手を撃ち折り、石馬の頭を叩き落としたと言われる。現存の石人・石馬が首や足を失っているのは、果たして彼ら官軍のしわざであろうか。一年半もかけてようやく磐井の反乱を鎮圧した大和王権にとって、彼の文化遺産ともいうべき石人・石馬は、決して好ましいものではなかったに違いない。嫌悪の感情すら抱いていたとも考えられる。

このことは大和王権の九州への進出と時を同じくして、石人・石馬が地上から姿を消すという確かな実証を伴うことによって、さらに強調されることになるが、しかし、統一王権の波及は石人・石馬消滅の契機ではあっても、真の原因ではない。磐井の反乱が発生した六世紀前半には、すでに古墳の表飾物としての石人や石馬の在在をもはや必要としないような新たな変化が、この時代の葬送墓制上に進行しつつあったからである。それは言うまでもなく横穴式石室の流行である。

従来の竪穴式石室は墳丘を造った後で上部に墓穴を掘り、その四壁に石を積み、上部から棺を入れて天井上で覆う方法がとられ、この形式は高塚墳墓が発達した三世紀末から四世紀頃の主流である。これに対し上の横穴式石室は、まず地上に割石や切石などで遺骸を安置する玄室や羨道を構築し、天井部には大きな石を並べる。つまり、古墳の内部構造を先に造ってから上に土を盛るやり方である。

前者の竪穴式の場合は、石室が古墳の頂部に造られるから、被葬者の魂を慰めるための葬送儀礼が行われるのは墳丘の上部付近であり、石人や形象埴輪がこの部分から多く発見されるのもそのためである。ところが、後者の横穴式になると被葬者は古墳の地下深くに眠っており、これまでのような墳丘上での儀礼を必要としないのである。その代わりに外部からは羨道へ通じる出入口が設けられ、いつでも開閉できるだけでなく、この石室内には何人もの追葬も可能であるから、自然、儀礼の場はこの地下へと移ってくる。横穴式石室内の壁面に彫刻したり、色彩絵具を使って様々の文様を描き出す、いわゆる装飾古墳の出現がそれを物語っているが、面白いことにその彫像や図柄を見ると、日本独特の直孤文や円文に続けて甲冑をつけた武人像や靫・盾などの武具、それに馬や鳥・翳《さしば》など、一度地上からは消えたはずの品々が再び登場してくるのである。

装飾古墳との関係

今日発見されている装飾古墳の分布や編年を見ると、福岡県吉井町の日ノ岡古墳を筆頭に、これら初期の立派なものが北九州に集中しており、隣の熊本県山鹿市にあるチブサン古墳や鍋田横穴群の人物像にしても、その成立には石人・石馬が何らかの役割を成していることを認めねばならない。しかし、地下の壁面に浮彫りされた人物像からは、あの墳丘に屹立《きつりつ》する石人のような風格も躍動感も感じられない。果たしてこれは両者の彫法上の相違からくるのであろうか。否、そうではあるまい。その違いはこれを創り出した文化と人々の気魄《きはく》に求められよう。前述の風土記には筑紫国造の磐井について「豪強暴虐、不偃皇風」（豪強《つよ》くして暴虐《あら》く、皇風《おもむけ》に偃《したが》わず）と記している。つまり、彼は九州の王者として大和王権に対抗し、父祖伝来の土地と文化を守ろうとしたのである。石人・石馬にはそうした磐井の誇りと魂が込められている。

二　出雲の神話と歴史
――岡田山古墳出土の鉄刀銘――

出雲は神話のふるさとである。須佐之男命《すさのおのみこと》による八俣遠呂智《やまたのおろち》退治や大国主命と因幡《いなば》の白兎の話など、日本人に最もよく親しまれてきた神話の発祥地が他ならぬ出雲なのだ。

この出雲地方に昭和五十九年から同六十年にかけて二つの大きな考古学上の発見がなされ、世間の注目を浴びた。一つは松江市郊外の岡田山古墳から出土した鉄製大刀であり、他は簸川郡斐川町の荒神谷遺跡から発掘された三五八本もの銅剣である。共にマスコミ関係で報道され、ご承知の方も多いと思うが、このたび両遺跡と出土品を親しく実見する機会を得たので、そのあらましとさらに歴史的意義についても触れてみることにしたい。

国譲り物語と鉄刀銘

銅剣や銅鉾・銅鐸などの青銅器文化が出現したのは、弥生時代の中期から後期にかけてであるが、鉄製の剣や刀が隆盛するのは、これより後の古墳時代に入ってからである。応神・仁徳天皇陵などに代表される巨大古墳が造営され、近畿地方に古代の統一王朝が成立し始めた頃、山陰の出雲はいったいどのような状態であったろうか。

古事記や日本書紀に記された出雲神話によると、この地方を支配してきた大国主命は、天照大神の神勅を奉じた建《たけ》御雷神《みかずちのかみ》に国土を譲り、杵築に社を造って「世の幽事《かくりごと》」をなしたと言われる。大和と出雲の実際の関係が、必ずしもこの物語のようには展開しなかったにしても、出雲は大和朝廷の敵対勢力であり、その統一に際しては平定・降伏の

岡田山古墳の全景

事実が存したことも否定し得ないであろう。出雲は大和に敗れ、その支配下に入ったのである。ただ、残念ながらそれを証明する記録は無く、物的証拠も残っていない。したがって、その時期についても果たしていつ頃か、臆測の域を出ないのである。

神話と歴史の接点が得られなかった出雲地方に、古墳時代の鉄刀が出土した意義は大きい。しかもこの鉄刀の刀身には、棟寄りの部分にやや蛇行しながら「各田了臣令□□□□大利□」と、一二文字の刻銘があり、最初の四文字は「額田部臣」と読み、この地方の豪族名と推定されている。天平五年（七三三）に完成した『出雲国風土記』には、「額田部臣押嶋」「額田部臣伊去美」と称する人たちが郡司として名を連ねており、したがって鉄刀銘の額田部臣は彼らの先祖である可能性が高いのである。そればかりか額田部臣の「臣《おみ》」は公《きみ》・別《わけ》・連《むらじ》などと同じ姓《かばね》の一種で、大和朝廷から地方豪族に与えられたものである。諸豪族は大和朝廷の政治組織の中に組み入れられ、一定の職掌を分担世襲するようになると、姓を朝廷から授けられ、次第に秩序づけられていったのである。

そうなると、この鉄刀が製作された時は、すでに出雲地方が大和朝廷に服属していたことになるであろう。上に述べた神話との関連で言えば、大国主命の国譲りが済んだ後のことであり、大和朝廷の全国統一、支配権の確立ともこの鉄刀は関わっているのである。

鉄刀の製作年代

さて問題は、この鉄刀がいつ作られたか、製作の年代を推定することが重要となってくる。文字の特徴から五世紀までさかのぼるという説もあれば、類品との比較から七世紀頃とする意見など、専門家の見解も一致していない。七世紀と言えば聖徳太子が出たり、大化改新が行われたりして、日本国家の建設も相当進んでいるから、これよりも年代がさかのぼるほど鉄刀の歴史的価値が増大してくることは言うまでもなかろう。

そこでまずこの鉄刀の特徴を見ると、刀身の方は半ば以上も欠失しているが、鐔《つば》から柄頭《つかがしら》までの二三・六センチは完存しており、柄に巻かれた銀線と柄頭に施された双鳳亀甲繋文《そうほうきっこうつなぎもん》の銀象嵌《ぎんぞうがん》文様は、ひときわあざやかで見物者の目をひく。このような文様をもった円頭大刀は、六世紀後半から七世紀初め頃の後期古墳から出土する例が多く、その分布は関東地方を中心に頭椎《とうつい》大刀などとも共存が見られる。したがって、製作年代を五世紀にまでさかのぼらせようとする意見には従い難いが、年代の判定には同じ石室内から伴出した馬具類も参考になるであろう。私はこの一カ月ばかり前に、奈良県斑鳩町の藤ノ木古墳から出た馬具を実見していただけに、この方に対しても興味をそそられた。

ケース越しに出土品を眺めると、鞍金具一背分と鏡板、雲珠《うず》、辻金具等が陳列されている。これらは鉄の地板に金銅板を張った鉄地金銅張製のもので、磨滅の状態からすると、相当使い古した後に副葬品として石室内におさめられたことが想像される。鞍金具に竜や象を透彫してある藤ノ木古墳の金銅装馬具に比較したら見劣りするが、実は藤ノ木古墳からは金銅製のもののほかに、もう一組の鉄地金銅張製の馬具が出土しており、岡田山古墳のものはこれとの類似性が濃いのである。

轡《くつわ》に使用された素環の鏡板、繋部の雲珠や辻金具等を見ても、特別な意匠や文様が無く、破損が相当進んでいる点も共通している。これは石室内での保存管理よりも実用に供された結果であって、藤ノ木古墳が築造された六世紀後半には、もちろん特定の人々に限られてはいるが、わが国においても馬具の使用が日常化していたことを知らしめている。

二種類の馬具から

鉄刀や馬具が副葬品として死者の傍らに葬られるのは、これらが当時の人々にとって貴重品であったからに他ならない。そしてこの品々にも普及と同時に装飾性が加わり、その優劣は所有者の身分や権力を示すものとなったであろう。藤ノ木古墳から出土した金銅装と鉄地金銅張製の二種類の馬具は、それを端的に物語っている。

岡田山古墳出土の馬具は後者の実用・一般型であり、額田部臣がこれに跨って出雲の国を駆け巡っていた六世紀後半には、彼らを統轄するような強力な政権が大和地方に存在していたのである。

V　言葉と文字

山口県にある神代文字
——山口県吉香神社の石灯籠銘——

はじめに

山口県岩国市横山に、江戸時代この地方を支配した吉川氏を祀る吉香神社がある。創建は明治年間だが、境内には何基もの石灯籠が建立されており、その中の一基に後掲の、私たちが日頃使っている漢字や仮名文字とは違った得体《えたい》の知れない文字が一二個刻されている(1)。文字の形だけから判断するとハングルのようにも思われるが、これは一見した印象を記したまでのことで、深く探究すれば他の文字である可能性も否定できない。

どこの何文字であるかは別としても、石灯籠にこの種の文字を刻した事例は未見である。個々の文字を明らかにするだけでなく、一二文字全体の意味を解釈するとなると一層困難なことで、いっそ看過すべきかとも思ったが、実は、この石灯籠は明治十九年に藤田葆

吉香神社の石灯籠

という地元岩国出身の歴史学者が寄進したもので、彼は防長の金石文研究に先駆的な仕事をされた方である。したがって、この石灯籠に刻された一二文字は、藤田がそれなりの意味を込めて公表したものと推察され、その解釈にあたっては当然慎重を期さねばならない。寄進者の藤田がこの一二文字に托した意味は何であったか、氏が後世に遺した謎にあえて挑んでみることにした。ご批正をいただければ幸甚である。

吉香神社の石灯籠

この石灯籠は、吉香神社の拝殿に向かって右側の片隅に建立されている。ただし、現存の状況は台石上に基礎、竿、中台、火袋の順にのっているが、この上にくる笠石や請花、宝珠は足下の地上に放置されている。

石灯籠を構成する各部について詳述すると、割石で方形の台石を二段に組み、この上に円形の基礎と丸竿をのせている。竿の直径は二七センチ、高さは八五センチで、途中に節の無い全くの円柱形である。中台は高さ一八センチの六角型で、火袋は高さ幅とも二九センチの方形をし、内部は空洞であるが表に円形、裏には半月の透彫りをしている。側に置いてある笠は方形で、高さ三〇センチ、幅六九センチと大形のわりには軒や屋根の反《そ》りは少ない。屋根の表中央部に吉川家の家紋の九曜紋を大きく陽刻しているのが注意される。請花と宝珠は一石彫成で、合わせた高さは三二センチである。基礎からの各部計測値を加算すると、高さは二一七センチとなり、地上からは二六〇センチを超える大形の石灯籠である。

ただし、一般の石灯籠に見られる基礎部分の格狭間《こうざま》や反花、それに中台下側の

吉香神社

蓮弁などの装飾的意匠は皆無で、これに節の無い竿も加わって全体的に最も簡素な造りとなっている。また、火袋と笠は方形をしているのに中台が六角形であるなど、石灯籠の定型を無視した造りであるが、江戸時代以降の遺品にはこうした不定型も見られるから、このことをもって各部の組み合わせが異なるとは見なされない(2)。石質は各部とも同一の花崗岩製であり、境内の付近に同一形式のものが見られないことから、この石灯籠は二基一対として造立されたものではなく、最初からこの一基のみが独立して寄進されたもののようである。

次に、銘文は円柱状の竿部分と六角型の中台側面の二箇所に各々陰刻されている。中台銘については後述することにして、まず丸竿銘から紹介すると、表に「奉献　藤田葆」、裏には「明治十九年十月」とあり、この石灯籠が明治十九年（一八八六）十月に、藤田葆によって吉香神社に寄進されたことは一目瞭然である。寄進者の生没年については未詳であるが、藤田には岩国藩に関する旧記録や見聞録によって、その各種項目を詳述した『巌国沿革志』一九〇冊（目録大正二年）があり、この中の『巌邑金石文』（明治三十八年）には府下の鐘銘、碑銘、墓誌など一四〇件を収録し、後世の地方史や郷土誌研究に裨益することきわめて大である(3)。

彼がどのような経緯で石灯籠を寄進するに至ったかについてはまだ多くを知り得ないが、吉香神社の設立がちょうど同時期であることを考慮すれば、同社の創建が契機となったであろうことは容易に想像される。つまり、明治維新後に旧岩国藩主の吉川経健が、東京帰任により同家に関わる神社の移転を意図された際、地元岩国では吉川氏の縁者が主家の御霊を吉香公園内に留め置くことを懇願し、明治六年に吉香神社の設立を県に出願した(4)。翌七年三月に県の許可を得て、吉香神社は白山神社境内の治功神社旧社殿に安置されたが、同十八年には社殿を現在地の吉川氏居館跡に新築して遷座したのである。

藤田が石灯籠を寄進したのはこの直後の同十九年十月である。吉香神社が設立されたとはいえこれまでは仮住まいであったのが、いよいよ吉川氏旧館跡に建物も新築され、本格的に鎮座するに至って、彼もまた吉川氏の縁者と共に石造物を寄進し、先祖の霊を慰撫せんとしたのである。ちなみに吉香神社の祭神は、吉川氏初代の経義をはじめ友兼、経基、興経、元春、元長、広家、広嘉、経幹の九柱である(5)。

ハングルによる吟味

前述のように、この石灯籠には寄進者の名前を刻した丸竿の他に、中台の側面にも刻銘が見られる。石灯籠の全体的な構成からすると、中台は竿の上に位置し、ちょうど基礎とは対称的な形をしている。下端の中央に竿の受け座を設け、その周囲には上向きの蓮弁を、さらに側面には格狭間を彫ったりするのが一般的であるが、この石灯籠はそうした一切の装飾的意匠を排し、六角型の側面には一面に二字ずつ計一二の文字を刻している。文字そのものが花崗岩製の石質にもかかわらず肉眼でも容易に識別できるのは、この遺品の造立がまだ何百年もの歳月を経ていない証左であろう。丸竿銘に「奉献」「明治十九年十月」とあることと矛盾しない。

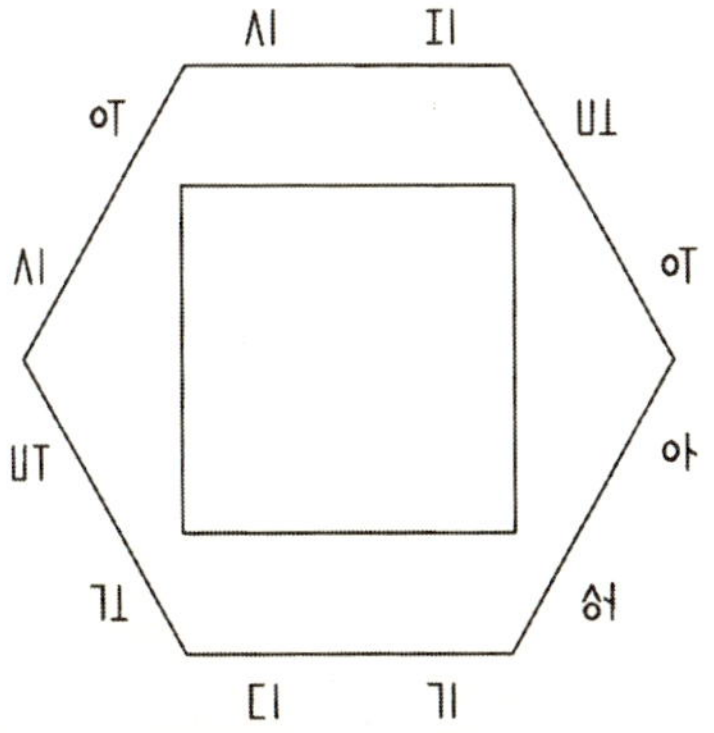

図1　石灯籠の中台銘（原文）

さて、この一二文字の解読にあたって最初に参考にしたのは、韓国や北朝鮮（朝鮮民主主義人民共和国）で使用されているハングルである。ハングルは一四四六年に李氏朝鮮第四代の王世宗が「訓民正音」の名で公布した朝鮮の国字で、日本語のアイウエオに相当する母音字一〇字と子音字一四字からなる表音文字である(6)。いまその反切表（パンヂョルピョ）にある文字と石灯籠の一二文字を対照すると、ㄱㅣ=기　ㄷㅣ=디　아=아などのように双方似るものや、ㄱㅗ=고　허=어（허）　ㅇㅜ=우のように変形体と思われるものを数えると、一二文字中七文字はどうにか判読できそうである。しかし、승　ㅂ　ㅅ　ㅍはハングルの子音字にないことから、ㅂㅜ　ㅅㅣ　ㅍㅣ　ㅂㅣの四文字は判読不能であ

り、したがって、一二文字中の五文字は依然未詳のままで残ることになる。

ハングル専門の学者に直接質したわけではないが、反切表に該当する文字を発見できないことは、この一二文字がハングルとは別な文字ということであろう。ただし、その文字はハングルとは近縁関係にあることを示唆している。世界の文字史上でハングルに似る文字と言えば、それはわが国の神代文字である。

日文による吟味

漢字を取り入れる以前に、日本に固有の文字が存在したという説は、鎌倉時代中期の神官卜部兼方の著『釈日本紀』に始まる。この日本固有の文字を歴史以前に成立していた文字という意味で神代文字と称しているが、もちろんその存否に関しては大いに議論のあるところで、江戸時代中期には新井白石の『同文通考』（一七〇五年）や本居宣長の『古事記伝』（一七九八年）にも、神代文字に関する記述が見られる。中でも平田篤胤は神代文字の存在を強く主張し、文政二年（一八一九）に著した『神字日文伝』では、天児屋根命真伝の文字、対馬国卜部阿比留氏に伝わった阿比留文字、出雲大社伝存の文字など一三種をあげ、日文《ひふみ》こそ真の神代文字であるとした(7)。直線的な形のものが本来の字であり、曲線的な形のもの

子音字				母音字			
ㄱ	k	（今廃）ㆁ	ŋ	ㅏ	a	（今廃）ㆍ	ɐ
ㄴ	n	ㆆ	ʔ	ㅑ	ya		
ㄷ	t	ㅿ	z	ㅓ	ə		
ㄹ	r			ㅕ	yə		
ㅁ	m			ㅗ	o		
ㅂ	p			ㅛ	yo		
ㅅ	s			ㅜ	u		
ㅇ	',ŋ			ㅠ	yu		
ㅈ	c			ㅡ	ɯ		
ㅊ	ch			ㅣ	i		
ㅋ	kh						
ㅌ	th						
ㅍ	ph						
ㅎ	h						

（例）	그	사람이	집에	없다.
転写	kɯ	sa-ram-'i	cip-'əi	'əps-ta.
発音	［kɯ	sa-ra-mi	ci-be	əp-ta］
（訳）	その	人は	家に	いない。

図2　ハングル要素文字一覧

はその草書体であるとしている。

この日文と前掲の石灯籠銘の各文字を照合すると、기（キ）、디（チ）、고（コ）、시（シ）、우（ウ）、이（イ）、아（ワ）、허（ヘ）と八文字が日文と合致するから、銘文の一二文字中一〇字はどうにか判読が可能であり、何よりもこの文字自体が日文によって書記されたものとみて間違いなさそうである。ただし무と모の二字については日文に該当する文字が無く、무＝무（ム）・루（ル）、모＝모（モ）・로（ロ）とみられなくもないが、現地調査で確認された文字は紛れなく무と모であり、誤刻の場合以外は他の文字に認定される余地はない。

ところで、神代文字と称されるものは前掲の日文以外には存在しないのであろうか。日文は篤胤が対馬国阿比留氏伝来のアヒル文字を応用したもので、『神字日文伝』によるとこのアヒル文字は五つの母音字と九つの父音字によって構成されている(8)。

母音字　ㅜ《ウ》・ㅗ《オ》・ㅣ《イ》・ㅓ《エ》・ㅏ《ア》

父音字　ㅅ《ス》・ㅎ《フ》・ㄷ《ツ》・ㄹ《ル》・ㄴ《ヌ》・ㄱ《ク》・ㅈ《ユ》・ㅁ《ム》・ㅇ《ウ》

これらの組み合わせとして、子音字は四五字できるわけで、これに五つの母音字を加えた五〇音字がアヒル文字の総数ということになる。ところが、前掲の日文は四七音字で、五母音字中のイウエを欠いている。一般にヒフミ四七音字の場合は、四七音字の中に五母音字が含まれ、ヤ行のYi・Yeとワ行のWuに相当する三字が無いのが普通である。篤胤の示した日文四七音字はこうした常

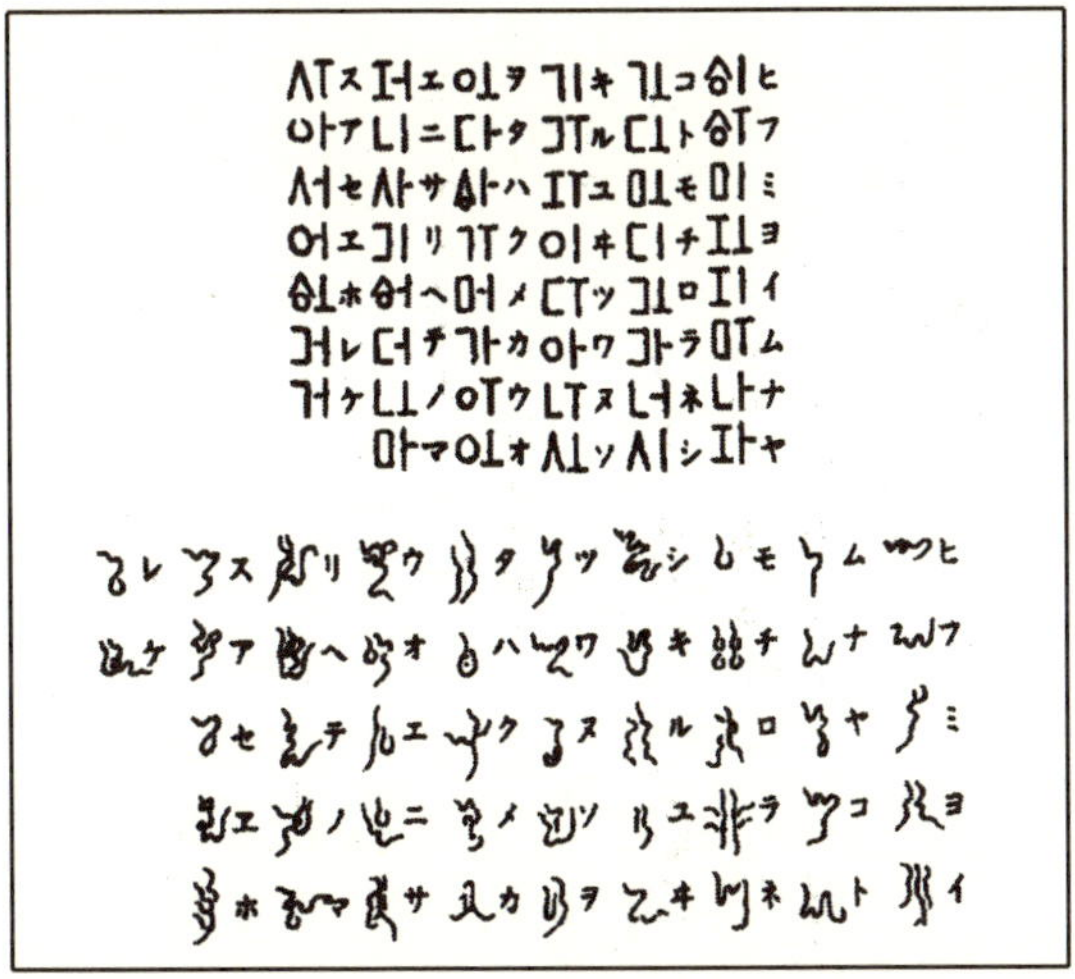

図3　日文（アヒル文字とアヒルクサ文字）

識と異なっていることがまず指摘され、このことは同時に、前掲の日文四七音字とは違った他のものの存在を暗示している。直截に言えば、日文四七音字に母音字のイウエを加えたアヒル文字の完全形、つまり五〇音字が一方に存在することを示唆している。一般には余り紹介されていないが、第四図がその「日文五〇音字」とされるものである(9)。

前掲の四七音字と対比すると、母音字とは別に父音字のウ欄に、UT・Uㅗ・Uㅣ・Uㅓ・Uㅏの五文字があるのが特色である。そして、この中のUTとUㅗの二字は言うまでもなく前述の石灯籠銘の未詳文字であり、前者はウ、後者はオと読むべきことが知れるのである(10)。篤胤は神代文字と言われるものを多く集め、その中でイロハ順や五〇音順のものは後代の作であると称しているが(11)、ここではそうした論議は問題ではない。石灯籠の寄進者である藤田葆が神代文字を用いて何を表現したかが重要であって、その意図を理解するために、一二文字の判読が先決となるのである。

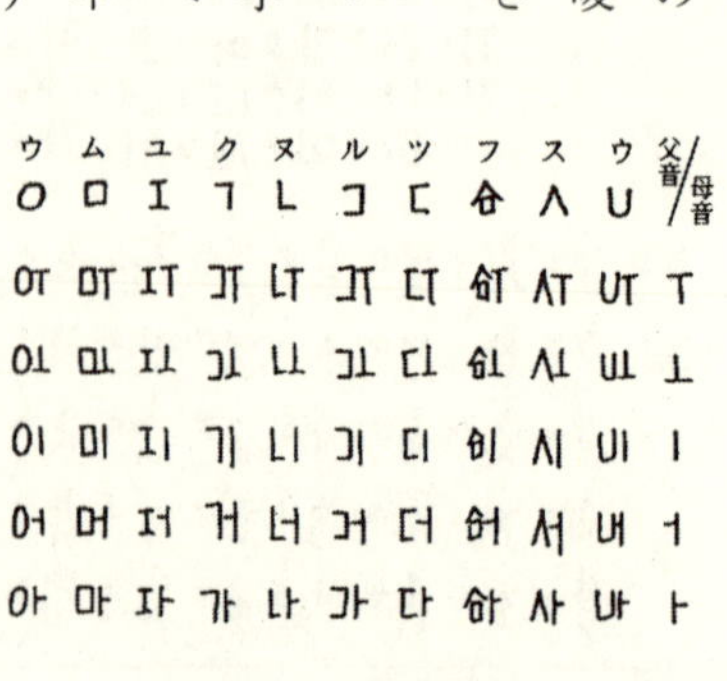

図4　日文五十音字

銘文の解読と意味

石灯籠中台銘の吟味を終えたところで、一二文字の各々に仮名を宛てると次のようになる。六角型の中台は竿の上に横にのせられる関係から、側面の文字は一面に二字ずつ横に並ぶことになる。

銘文の解読にあたり最も困難なことは、一体どこから読み始めるのか、その起点が容易に分からないことである。また、右回りか左回りかも簡単には片付かない問題である。仮に右回りに読んだとしても一二通りの読み方があり、最少でも二四通りの解読文を並べて、各々の意味を吟味してかからねばならない。ところが、神代文字関係史料の中に竹内神鏡なるものがある(12)。これは直径約八寸、厚さ一寸余の鏡裏周囲に三六個のアヒル文字を陽刻したもので、右回りに「アマサカリ、ヒムカツヒメ、スミラミコト、ミコトノリシ、アメマウラ、ツクリタテマツル」と読む。

右の事例を参考に、前掲の中台銘を右回りに読むとしても、起点をどこにするかは依然解消されていない。十二通りに文字を並べ各々の意味を検討することも必要ではあるが、石灯籠の現存状態から言うと、中台六面のうち「기디」とある面が正面をなしている。つまり、中台の下にある丸竿の「奉献」と刻された面と同方向にあるのが正面であり、したがって、一二文字解読の起点もこの正面にある「기디」の二字から始まると見なさねばならない。かかる前提のもとに各文字を並べると、次のようになる。

기《キ》디《チ》고《コ》부《ウ》시《シ》우《ウ》시《シ》이《イ》보《オ》우《ウ》아《ワ》허《ヘ》

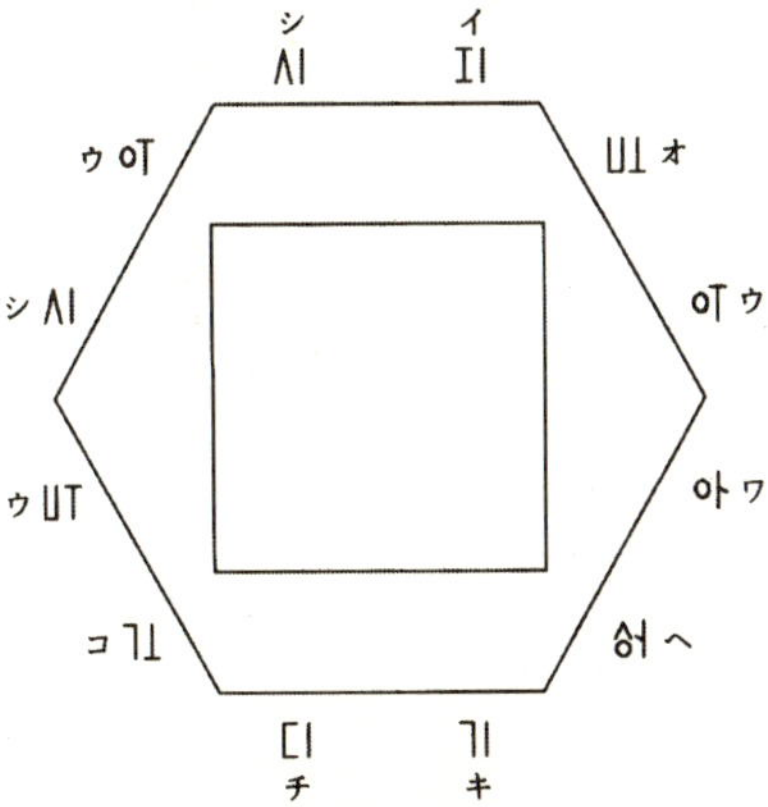

図5　石灯籠の中台銘（解読文）

「キチコウシウ」は「吉香衆」であり、吉香神社に祀られている吉川経義以下の九柱を指している。「シイ」は「四囲」で「オウ」は「覆う」と解される。すなわち、吉香神社境内は吉川氏歴代の御霊が九柱も祀られていること、また、吉香神社のすぐ側には吉川氏の産土神として崇敬された白山神社があり、さらに一歩足を運べば吉川氏代々の墓所など、周辺一帯が吉川氏に関連した史跡や建造物に覆われた状況を表現したものであろう。文末の「ワヘ」は「和え」、あるいは「아」は「ア」とも読めるから、「アヘ」となって「饗え」と解することもできる。「和え」の原形は

「和す」で「やわらぐ・したしむ」等の意味であり、吉川氏を中心とした周囲の様子を、石灯籠の寄進者自らがそれとなく感慨を吐露したとも受けとれる。また、「饗え」の場合は饗奠《きょうてん》などのように「物を供えて祭りをする」という意味から(13)、神社に石灯籠を寄進した自らの行為を表現したものと解され、意味としてはこの方が妥当性をもっている。

「吉香衆四囲覆う饗え」が該件の神代文字一二字の解読であって、すでに「吉香神社」の名前が存在するとはいえ、吉川氏を旧称の「吉香」と表記するなど、さすが郷土史を専門とした藤田ならではの独創と言えよう。また、吉香神社のある周囲の現況とこの神社が吉川氏旧居館跡に位置していることを考慮すれば、右の解読文も決して理解を強いることにはならないはずである。様々のケースを想定し、何通りかの文章を舌頭百遍繰り返した結果、この解読文を至当と認めるのである。

神代文字の否定説

明治十九年寄進の石灯籠に神代文字を表刻し、これにメッセージを托したのは寄進者藤田葆のアイデアであった。私は藤田のことを詳しく調べる間もなく拙稿を草することになったが、彼のその後の学問的業績や銘文の内容からして、単に好事家的な興味から出たものでないことは確かである。明治時代における神道思想の優勢下で神代文字が一般に関心がもたれるようになり、藤田もまたこうした時勢の中で知識を修得し、時恰も吉香神社の創建という時宜を得てこれを表刻したのであろう。

ところで、藤田自身の心情とは別に、神代文字の存在に関してむしろこれを否定する厳しい学説が出ており、現在ではこの方が有力視されている。江戸時代においても平田篤胤以前に、貝原益軒や太宰春台などは平安初期に斎部広成が著した『古語拾遺』に「蓋し聞く、上古の世未だ文字有らず」とあることを引用して反対し、賀茂真淵は『語意考』に、本居宣長は『古事記伝』の総論に、共に漢字渡来以前には文字が無かったことを述べている[14]。

また、篤胤が最も信頼した日文についても、伴信友は吏読《りと》（朝鮮で漢字の音訓を借りて朝鮮語を記すのに用いた文字）と見なし、日文以外の神代文字の多くは偽作であるとしている。日文とハングルが文字の形の上で類似していることは、本稿の石灯籠銘の吟味でも諒解されるところで、日文がこのハングルから脱化したものとすると、ハングルが朝鮮において成立した十五世紀中頃よりは年代的にさかのぼらないことになる。

日文をはじめとする神代文字は、ヒフミ順やイロハ順、五〇音順などに配列され、ア行のイウエとヤ行のイエおよびワ行のウとを区別するものと区別しないものなどによって、全体の字数が四七音字であったり、五〇音字になったりする。ところが、奈良時代まではキケコソトノヒヘミメヨロの一二音およびその濁音には、各音に母音の差異に基づいて甲乙両類の音の区別があり、かかる音韻上の区別が消滅したのは平安時代の中期頃とされる[15]。当時すでに神代文字が存在しておれば、上記の甲乙両類の音を表す文字がなくてはならないが、神代文字には四七音ないし五〇音しか書き分けがないのである。

さらに、五〇音図やいろは歌などの作られた時期は平安中期以後であるから、これと配列順序や字数が類似する神代文字は、当然平安中期以降の成立となる。神代文字をわが国の漢字渡来以前の固有文字とする学説は、今日では完全に否定されているのである。

むすび

山口県内には本稿で取り上げた岩国吉香神社以外に、下関市内の忌宮神社と住吉神社の二箇所に神代文字関係の史料が現存している。報文によると、忌宮神社のものは麻袋に七文字が記され、また、住吉神社の方は一三文字ばかり刻された神璽である。吉香神社のものとは違って、下関市内のものは共にアヒルクサ文字と称される草書体であるが、私自身が実物を調査し、内容を検討するには至っていない。

【註】

（1）この石灯籠の存在を知らせてくれたのは、岩国市今津町在住の横田薫氏である。平成八年正月に氏から銘文の解読を依頼した手紙があり、同年四月に現地へ赴くことにした。

（2）例えば、京都市右京区花園妙心寺町の妙心寺玉鳳院開山堂前にある石灯籠は、基壇と基礎、火袋が四角、竿と中台と宝珠が六角で、笠は円形をしている。これは意図的に造られたもので、寄せ集めでないことは専門家の調査で明らかとなっている。同じものが二基あって一対をなしており、江戸時代天保年間（一八三〇―四三）の造立である。（京田良志著『石灯籠新入門』誠文堂新光社、昭和四十五年、二二四頁）

（3）藤田の業績は、県内の金石文研究が緒についばかりの段階に、個別実証的研究を実施したところに意義がある。氏が著書に収録した史料の中には今日すでに実物の失われたものがあり、明治年間での調査記録の存在は貴重と言わねばならない。また、昭和六十一年には岩国徴古館より『岩国金石文集』が公刊されているが、この中には藤田の著書から引用された銘文が多数収録されている。

（4）『岩国市史』下巻、四二五頁。

（5）吉川氏を祀る神社を吉香神社と称することは吉川氏の出自と関係している。吉川氏始祖の経義は駿河国入江荘吉河邑（静岡県清水市）に居館を構え、在地名により吉川氏を称したが、はじめは吉香、木河、吉河などの文字を用いている。岩国市にある吉香神社や吉香公園の名称はこの吉川氏の旧名に由来している。（『国史大辞典』第四巻、一五〇頁）

（6）『国史大辞典』第一一巻、七四一頁。

（7）金田一春彦編『日本百科大事典』（大修館書店、一九八八年）三二六頁。

（8）吾郷清彦著『日本神代文字研究原典』（新人物往来社、平成八年）一二三二頁。

（9）同右、一二三七頁。

（10）東京都世田谷区北沢の北沢八幡宮には、アヒル文字で「」（ヤハタオホカミ）と記した神璽があり、第四字目に字が見られる。（前掲吾郷著、九八頁に銘文紹介）

（11）国語学会編『国語学大辞典』（東京堂出版、昭和五十五年）五三二頁。
（12）前掲吾郷著にはこの神鏡の実物の写真を載せている。計測値と銘文の解読は同書による。（同書、一六九頁）
（13）藤堂明保編『学研漢和大字典』一四九五頁。
（14）前掲、国語学大辞典、五三一頁。
（15）同右、五三二頁。

Ⅵ　暦学への招待

一　太陽が真西に沈む日

太陽を追う乙女たち

春・秋の彼岸中日になると、東から西へ、この日の太陽を追って歩き続ける乙女たちの群れがあったという。奈良県の大和盆地に伝わる古代伝承を、十返千鶴子さんが随筆「彼岸の太陽」で紹介している。大和盆地の東方に鎮座しているのは大神神社である。ここのご神体である三輪山の頂部から登った彼岸時の太陽は、大和盆地を照らし、西方の二上山鞍部付近に沈む。太陽を追ってきた乙女たちは、落日に輝く峰の背に阿弥陀如来像の浮かび上がるのを観て、麓の当麻寺にひれ伏したといわれる。日本に古くからある太陽信仰と、西方に極楽浄土の存在を説く『観無量寿経』の思想が習合し、かくも神秘的な物語となったのである。

さて、大和の乙女たちが日輪を追い求めた彼岸中日は、現行暦では三月の春分と九月の秋分の日ということになるが、古代においては果たしてどうであったろうか。わが国の場合、明治六年に太陽暦を採用するまでは中国から伝来の太陰太陽暦を用いていたから、春分は二月、秋分は八月にくる。しかし、これは現在よりもひと月ほど早く春分や秋分になるということではない。あくまでも暦日上のことで、天暦は現在と大して変わらないのである。そうすると古代の乙女たちが迎えた彼岸中日も新暦に直すと現在の春分・秋分の日に相当することになって、別に問題はないようであるが、私が指摘したいのは、彼岸と春（秋）分との関わり方が古代と現代では異なるということである。少し具体的に述べると、周知のように新暦での彼岸は春（秋）分を中日にこれの前後三日ずつ、計七日間行われる。春分と秋分が彼岸の中日として選ばれたのは、この日に太陽が真東から出て真西に沈するからで、これは西方に極楽浄土があるとする仏教の日想観（落日を拝して浄土を観念すること）によるというのが定説である。彼岸が春（秋）分を中心に行われるのは、単に暦だけの問題ではなく、仏教の教義そのものと深く関わっているのである。したがってここから、旧暦における彼岸は「毎年二月と八月の春分・秋分の日に行う」（北山谿太著『源氏物語辞典』平凡社）といった説明が、常識として一般に流布することになるが、果たしてこれは正しいのであろうか。結論を先に言うようだが、右の説明は過去の事実を正しく反映してはいない。旧暦における彼岸中日は春分や秋分の日ではないのである。

彼岸の日取り

私がこの問題に興味をもったのは、時たま「九月時正」「三月三日彼岸」などと記した紀年銘に出会うからである。時正は字義通りに解せば昼夜平分の意味であるから、春・秋の彼岸中日のことであり、これが旧暦で九月にくることはあり得ない。また「三月三日彼岸」の場合も、これまでの学説に従えば春分が二月末日にくる時にだけ翌三月三日までが彼岸中であって、非常に稀なケースとなるのである。もちろん、紀年銘を誤読したり、校正のミスなどから誤って報告することもある。だが、こうした人為的な錯誤を容認しても、なお上述のような事例は消滅しない。ここに問題の発端と研究することの意義が存するのである。

具体例を示しながら検討に入ることにしよう。埼玉県行田市佐間には「嘉禎二年丙申八月廿一日彼岸第六」と彫った二尊種子板碑がある。また行田市から高崎線で少し下ると大里郡岡部町があり、ここの新井家墓地には「文保二年戊午二月十五日彼岸第一番」と彫った双式板碑が建っている。紀年銘の後に記された「彼岸第六」「彼岸第一番」は、それぞれ彼岸七日間の第六日目と第一日目を指すから、前者は嘉禎二年（一二三六）八月二十一日の彼岸第六日目に、文保二年（一三一八）の方は二月十五日の春の彼岸第一日目にそれぞれ造立されたものと解されてきた。

そこで、『三正綜覧』や『日本暦日原典』によって嘉禎二年の秋分を調べると八月十三日、文保二年の春分は二月十三日とある。これまでの学説によると、八月十三日が秋分の時はこれを中日として前後三日ずつ、つまり八月十〜十六日までの七日間が彼岸中であって、八月二十一日はこの中に入らない。また後者の二月十五日の方も、十三日が春分（彼岸中日）であれば、十五日は彼岸第六日目であって、これもまた上の刻銘と一致しない。典拠とした『日本暦日原典』等の暦日計算に間違いがあるか、あるいは史料そのものの誤刻のどちらかに原因を求めねばならないが、双方を吟味しても誤りは発見されないのである。

ところが大切なことは、上の紀年銘と従来の学説による計算との間には誤差が五日ないし六日存していることである。私は三一の類例を集め同じ方法で検討してみたが、この誤差はつねに変わらないことに気付いた。したがって私が得た結論から推理すると、結局はこちらが前提とした学説そのものに問題があるわけで、嘉禎二年の方は八月十三日秋分から三日経った八月十六日から数えると、八月二十一日は彼岸第六日目に当たり、文保二年の場合も二月十三日春分の二日後から彼岸が始まっている。つまり彼岸は春（秋）分を中日としてその前後七日間であるとするこれまでの考え方に対し、上の二史料は彼岸の入りがいずれも春（秋）分の二日ないし三日後であることを知らせているのである。

彼岸と時正

「彼岸」と同様、紀年銘の後に「時正」と記した史料も散見する。「時正第二」とある場合は、彼岸中日の翌日を指すこと、あるいは春の時正を第一とするのに対し秋の時正を第二というなどと先学の解釈は分かれても、時正を字義通りに受け取っていることに変わりはない。しかし、埼玉県羽生市上川俣にある「元亨二年壬戌二月時正一日」と刻された板碑を照合してみると、元亨二年（一三二二）の春分は二月二十八日であり、二月一日の時正に造立されたとするこれまでの解釈とは随分開きがある。これは二月彼岸中の第一日目、すなわち二月三十日の造立であって、時正は彼岸と同義に使われているのである。したがって、前述の「時正第二」は彼岸第二日目のことであり、実際には「九月時正」という場合もあり得るわけである。

遺物の年代判定において紀年銘ほど大きな手懸かりを与えるものはない。しかし、その紀年銘の理解においてわれわれは造立者の意図を無視し、自己の独断を強いてはいないか、そんな思いがしてならない。

二　徳山市貝籠五輪塔の紀年銘

はじめに

昭和六十年十月、山口県徳山市の西域、夜市字貝籠《かいごもり》の一隅から有銘無銘のものを合わせて七基の五輪塔が発見された。五輪塔の各部は解体されて地中に埋まったり一部は欠落したりするものの、地理的にはさして広くもない夜市地区にこれだけのものが遺存することは、全く意外と言うべきであろう。

さらに発見された五輪塔の紀年銘を見ると、弘安四年（一二八一）銘が二基、嘉元五年（一三〇七）銘が一基と、造立年代が鎌倉時代までさかのぼるものが三基も含まれている。特に前者の二基は、すでに徳山市の文化財指定となっている同市上村の嘉元元年（一三〇三）銘の上年五輪塔を年次的に上回わるだけでなく、県内にあるものと比較しても、これまでの最古銘下関市安岡町富任の観察院にある永仁二年（一二九四）銘をも一三年ほど先行している。したがって、貝籠五輪塔は現在のところ山口県内で最も古い五輪塔として、斯界に君臨することになるのである。

さて、地元徳山市からの依頼で貝籠五輪塔の調査を行い、調査報告書はすでに提出してあるので、作業に対する一応の区切りはついているが、私にはこれらの五輪塔と最初に対面した時から大変気になっていることがある。それは五輪塔の一基に刻された紀年銘に対する疑問であって、この疑問はきっと解決されるべき課題として、私の手許にとどまることになったのである。紀年銘の問題は天文・暦学の分野だけに多くの時間を費やすことになったが、このたびある程度のまとまりを得たのでその成果を発表し、識者の批判を乞いたいと思う。最初の疑問点から最後の結論に至るまでの経過を辿りながら、順次述べていくことにする。

発掘された貝籠五輪塔
（向かって左端が弘安４年銘、火輪より上は別物である。）

春分・秋分と彼岸

貝籠五輪塔は前述のごとく弘安四年銘のものが二基存する。これらの紀年銘は「弘安四年三月三日彼岸」「弘安四年十月廿（以下欠）」と、共に水輪の五輪種子「バ」を刻したその左脇に彫っており、これら紀年銘の判読にはさして困難はない。ただ、この紀年銘と五輪塔の形態を比べた場合、前者が後者を上回わる、すなわち形態から受けるイメージよりも紀年銘の方が古いという印象が強い。それは復元された五輪塔の規模が一一〇センチ余とこの時代のものとしてはやや小さく、さらに細かく言えば、両基とも同年代の造立にもかかわらず地・水・火輪に計測上のバランスを欠くなど、形態的にはこれより二二年後に造られた上年五輪塔よりも見劣りするからである。ただし、鎌倉時代のものとしては粗雑で豪勁さを欠くなどと、この五輪塔の不足面を指摘できたとしても、所詮それは他との相対的な判断でしかない。このものの造立年代を確定する絶対的な判断は、水輪の片隅に刻まれた前述の紀年銘に委ねられているのである。五輪塔のような金石文史料に限らず、古文書等においても、紀年銘はまずもってそのものの造立・書記年次を直接に告知するものとして、強い信頼を担わされているのである。

さて、貝籠五輪塔の紀年銘で私が疑問視したのは、弘安四年銘の二基のうち「弘安四年三月三日彼岸」と刻された方である。如上の紀年銘に従えば、この五輪塔は弘安四年の三月三日に造立されたが、この日はちょうど春の彼岸中であったということになる。春と秋の彼岸に板碑や五輪塔などを造立することはよくあることで、例えば「文応二年辛酉二月彼岸」（宇部市川上出土種子板碑銘）、「大永六年丙戌二月時正日」（美祢市藤ヶ河内地蔵種子板碑銘）など[1]、山口県内のものの中にも類例が散見する。しかしここで注意を要するのは、後者の板碑がいずれも旧暦二月の彼岸中の造立であるのに対し、貝籠五輪塔の場合はこれが「三月三日彼岸」であるところが違っている。すなわち現行の太陽暦で言えば彼岸は三月と九月になるが、太陽暦に改暦する以前の、つまり明治五年より前の旧暦（太陰太陽暦）においては、春と秋の彼岸は二月と八月にくるのである。貝籠五輪塔の紀年銘がこの通例と異なっているところに私の疑問があ

貝籠五輪塔の紀年銘
（水輪部分）

り、この小稿を成すに至った理由も存している。

春の彼岸が三月にくるということは果たしてあり得ないであろうか。そのことに触れる前に、旧暦においては彼岸が二月と八月にくると言われるその理由からまず明らかにしたい。角川書店より発行されている『角川日本史辞典』（高柳光寿・竹内理三編、昭和四十一年初版）はハンディー・タイプの辞典として広く利用されているが、これには彼岸（会）について次のように記されている(2)。

正しくは到彼岸といい、単に彼岸ともいう。春分・秋分の日を中日とし、その前後七日間にわたる法会。九世紀初め朝廷で行われたのが初見。彼岸の日に太陽は西方正面に没するので、日没を観じて弥陀浄土の所在を知り、それによって敬慕の心を生じさせるためという。江戸時代に庶民の年中行事化し、明治時代には春（秋）季皇霊祭とし、戦後は春（秋）分の日と称して、国民の祝日としている。（傍点筆者注、以下同様）

生死に輪廻するわれわれの居所を此岸というのに対し、死後不生不滅の真身に帰する浄土を彼岸といい、この彼岸に至ることを願って（到彼岸）諸種の法会を行うのが彼岸会である。春分と秋分の日が選ばれるのは右の説明にもあるように、この両日が一年の中で太陽が正東より出て正西に没するからで、西方に極楽浄土を説く仏典では、この日こそ最も法会にふさわしいのである。

彼岸がわが国で行われるようになったのは平安時代の初期からで、延暦二十五年（八〇六）三月に官符をもって崇道天皇（早良親王）のために、国分寺の僧をして春秋二仲の七日間『金剛般若波羅蜜多経』を読ましめたことが『日本後紀』に見えている(3)。この風習は平安貴族にも歓迎され、「彼岸のほどに、よき日を取りて、さるべき事おぼし設けて云々」（『宇津保物語』国譲巻下）、「彼岸に入りぬれば、なほ、あるよりは精進せんとて、上むしろ、たゞのむしろの、清きにしきかへさすれば云々」（『蜻蛉日記』巻中）、「かくのたまふは、二月ついたちごろなりけり。十六日、彼岸のはじめにて、いとよき日なりけり。近う又よき日なし」（『源氏物語』行幸巻）などと、当時の文学作品にも彼岸のことが記されている。

ところで問題は、これらの彼岸が果たしていつ行われているかであるが、これらの文献に専門的な解説をしている『源氏物語辞典』（北山谿太著、平凡社、昭和三十三年初版）では、次のように述べている(4)。

> 梵語波羅蜜多の訳、到彼岸の略語。涅槃の境界をいい、そのために仏道精進をする期間である。彼岸は毎年二月と八月の春分・秋分の日に行う。太陽が真西に沈む日であり、その陽の沈むところが極楽浄土の東門というわけで、春分・秋分の日に行うのは浄土教の信仰思想の影響ともいわれている。（下略）

先学の見解に従えば、彼岸はその意味からして春分・秋分と不離一体のものであり、旧暦においても二月と八月の春分・秋分の日を中心に実施されたことになる(5)。現在と過去が異なるのは双方の行用暦の違いだけであって、彼岸が春分・秋分を中心に展開されることは昔も今も変わっていないのである。

然して次の課題は、春分・秋分の暦日上の設置が吟味されねばならないが、これら両日が旧暦において二月と八月にくることは暦学上のいわば鉄則と言ってもよいだろう。明治五年まで使用された太陰太陽暦は月の周期的変化を基礎としているため実際の太陽の動きとの差を調整しなければならない。三年に一度ぐらいの割合で閏月を置くのはそのためであり、この閏月を挿入するために導入されたのが他ならぬ春分・秋分などの一二の中気である。冬至の日時に一年を一二等分してこれを大寒、雨水、春分、穀雨、小満、夏至、大暑、処暑、秋分、霜降、小雪、冬至と称し、大寒（十二月中）、雨水（正月中）、春分（二月中）というように、十二月中の大寒を含む月が十二月、正月中の雨水を含む月が正月と各暦月の名前が決められている(6)。ただこの時不都合なことは、一年を一二で割ると三六五・二四二二÷一二＝三〇・四四日で、この値が一朔望月の二九・五三〇五八九日より大きいことである。つまり、各中気間

表1　置閏法（寛喜2年の場合）

（計　算）			（実　施）		
寛喜元年	11月28日	冬至	寛喜元年	11月28日	冬至
	12月29日	大寒		12月29日	大寒
同　2年	1月30日	雨水	同　2年	1月30日	雨水
	2月30日	春分		閏1月	
				2月1日	春分

の間隔の方が一カ月の日数より大きいために中気を含まない月がどうしても出てくる。旧暦ではこれを閏月といい、前の月と同じ名を用いながら閏の一字を冠してこれを区別したのである。

実際の暦日に沿って具体的に述べると、例えば寛喜二年（一二三〇）の場合は前年の十一月二十八日の冬至から数えて三一日後の十二月二十九日に大寒、その三〇日後の一月三十日に雨水がきている。計算ではこれの三〇日後、つまり二月三十日に春分を置くことになるが、実際は閏月を一月に設け、二月一日を春分としている。むろんこうした配慮をしたのは、上の計算通りに進めば一カ月を三〇日とする大の月が続くこと[7]、さらにはわが国の暦法では儀鳳暦以後太陽や月の位置を考慮して朔望月の長短を定める、いわゆる定朔を用いていたことなどが理由としてあげられよう。冬至を起点として中気を決める際、もし二月や八月中に春分・秋分が入らないようであれば、前月に閏月を置いて調整するというのが太陰太陽暦の大原則なのである。

したがって、これまでも繰り返し述べているように、旧暦においては春分は二月、秋分は八月と決められており、これに付随する彼岸も二月と八月にくるというのが従来の定説である。ただ彼岸は前述の解釈に従えば、春分・秋分の日を中日として前後七日間であるから、例えば春分が二月末日にきた場合だけ、翌三月三日までが彼岸の期間中に入ることになる。可能性はきわめて少ないがあり得ないことではない。もしそれが事実であるとしたら、貝籠五輪塔はかえって本物として価値を認定されるだけでなく、彼岸が三月中にも行われた稀少な実証例として貴重となるであろう。このまま紀年銘に対し吟味を続ける所以《ゆえん》も実はこの点に存する。

弘安四年の春分

旧暦において春分・秋分が二月と八月にくることが間違いないとすると、貝籠五輪塔の紀年銘問題は弘安四年の春分が果たして二月何日かに絞られてくる。五輪塔の紀年銘からすると、この年の二月が小の月であれば二月二十九日、大の月であれば二月三十日が春分の時にだけ翌三月三日が彼岸の結願日になるという、限られた可能性しかないが、ともあれ弘安四年の春分を内田正男編著『日本暦日原典』（雄山閣、昭和五十二年初版）によって尋ねると、弘安四年の二月は大の月で、春分は「二月二十五日」、この日の干支は「辛卯」となっている(8)。二十五日が春分であれば当然春の彼岸はこれの三日前、つまり二月二十二日から二十八日までの七日間であって、三月三日はこれよりも五日ばかり遅れ、彼岸中には入らないことになる。当初から抱き続けてきた疑念がいよいよ現実のものとなってきたが、上の吟味だけで貝籠五輪塔の紀年銘を誤刻や偽物と決めつけるわけにはいかない。その前にこの五輪塔を造立する際の事情なども考慮する必要があろう。故人の追善供養を目的とした造立であれば、まず法要を彼岸に行い、その五日ばかり後で実際に石塔を造立したとも考えられる。だが、これは「三月三日」と「彼岸」を分離する考え方である。もしそうであるなら「二月彼岸」「二月時正日」とある場合をどのように解したらよいだろうか。これらは通説のごとく二月の彼岸、二月の彼岸中日に造立したものと解するのが穏当であって(9)、貝籠五輪塔の場合も「三月三日」と「彼岸」は別々に考えるべきではない。造立者の意図はあくまでもこの石塔を弘安四年三月三日の彼岸に造立することにあった、と推定されるのである。

五輪塔の紀年銘が本物であるとすると、一方の「弘安四年二月二十五日春分」を吟味しなければならない。根拠とした『日本暦日原典』は元嘉暦が採用された西暦四四五年から一八七二年（明治五）までの月朔、中気、節気の日時を厳密に計算し、貞享元年（一六八四）以前はコンピューターによるデータをそのまま転写し、以後は実在の頒暦によっている。貞享元年以前、つまりコンピューターによって処理してある部分では、計算上の干支が実施された干支と異なることがあり、その際編著者は当該箇所に頭注をつけ、その時代の信頼できる史料によって実施暦の干支に直しているが、果たしてこれが完全であるという保証はない(10)。何故なら暦日はあくまでも実際に施行されたものが正しいのであって、どんなに計算に間違いがなくとも何かの事情で変更された事実があれば、この事実に従って計算結果を変更しなければならないからである。かかる暦日の復元はすでに貞享暦の作者渋川春海や中根元圭に始まり、辻善之助、神田茂、桃裕行氏なども史料との照合・点検に大変苦心されたところであり、この点は編著者の内田氏も素直に認め、序文で次のように述べている(11)。

> このように暦法の指定するとおりに計算した結果は、計算機による印字をそのまま写真版にしたのであるから誤算・誤植は考えられないが、史料による訂正は別に行う必要がある。これについては計算結果に訂正のあるたびに必ず下段に注記し、その根拠を示すことにした。もちろん私はすべての史料を調べた訳ではないから、新しい史料を求められた方は本書に示された推算値をもとに、自ら研究され注記して頂きたい。

したがって、『日本暦日原典』の編暦を一応正しいものと認めながらも、これを実施暦とするためには同時代史料によって傍証する必要があり、ここではとりあえず弘安四年春分を実際に施行された暦日によって確認する作業が俟《ま》たれるのである。

権中納言勘解由小路兼仲の日記である『勘仲記』（兼仲卿記）には、建治元年（一二七五）から正安二年（一三〇〇）までの記事が収められている(12)。途中欠けた部分が多く、ちょうど弘安三年六月から同四年三月までも欠落しているため、肝心の弘安四年春分を直接提示することはできないが、これらの期間を除く他の暦日を『日本暦日原典』と対照することによって、間接的ではあるが当面の課題に応えることができるであろう。かかる前提のもとに『勘仲記』の記事を追っていくと、建治元年から正安二年までの二六年間に意図的に暦日を変更した場合が二回ある(13)。弘安元

表2　弘安元年（1278）の暦日

（計算）	10月29日	11月1日	29日	30日	閏11月1日	29日	12月1日……
……	己　卯 小雪（10月中）	庚　辰	戊　申	己酉 冬至（11月中）	庚　戌	戊　寅	己　卯……
（実施）	10月29日	閏10月1日	29日	11月1日	2日	30日	12月1日……

表3　弘安4年（1281）の暦日

（計算）	7月30日	8月1日	30日	閏8月1日	29日	9月1日……
……	癸　亥 処暑（7月中）	甲　子	癸　巳 秋分（8月中）	甲　午 秋　分	壬　戌	癸　亥……
（実施）	7月30日	閏7月1日	30日	8月1日	29日	9月1日……

注）朔干支は変えず、秋分の日の干支を癸巳から甲午に変えている。

年十一月一日と同四年八月一日の場合がそれで(14)、前者は弘安元年の冬至が計算では十一月三十日にくるべきところを朔旦冬至にするため閏月を十一月から十月に変更しており、さらに後者の弘安四年の場合は、章首後の閏八月を避けるため八月から七月に退閏させ、暦日計算における八月三十日秋分は閏七月が入ったため八月一日秋分となっている(15)。

旧暦では冬至を含む月が十一月と決められているから、冬至は十一月朔日から十一月晦日までの間にくることになるが、これが十一月朔日に当たるのを朔旦冬至といい、稀なこととして祝賀した。『続日本紀』の延暦三年（七八四）十一月朔日の条には「勅して曰く、十一月朔旦冬至は是れ歴代の希遇にして云々」とあって(16)、この時慶賀が行われ田租も免ぜられたことを記し、朔旦冬至を佳節とすることはこの時に始まったものと解されている。朔旦冬至は平朔の場合一章一九年ごとにやってくる計算になるが、それが一日ほどずれて十月末日にきたり、十一月二日になったりすると、上述の弘安元年の場合のように、日付を変更して十一月朔日に冬至がくるようにしたのである。一方の閏八月の場合は、章首後に閏八月となるようであればこれを避けて、閏月を八月から七月に移すという措置で、大治四年（一一二九）以後七回ほど類例が存する(17)。

朔旦冬至や章首後の閏八月を避けるため暦日の変更を行えば、当然月朔干支が別表のごとく当初の暦日計算と違ってくる。『日本暦日原典』はこの点を看過しないで、暦日計算による数値を『勘仲記』『続史愚抄』『暦断簡』等の史料によって補正し、当時実際に使用されていた暦の方を採用している。また、上述の二箇所以外の日次干支、すなわち暦日計算に変更のない部分においては、計算による数値と各史料とが双方合致していることはもちろんである。したがって、『日本暦日原典』の中でも弘安年間における編暦は、現代の天文学的知識による暦日計算ではなく、それは正しく当時の実施暦であると言わねばならない。ここから最初に提示した「弘安四年二月二十五日春分」は、もはや動かすことのできない真実としてわれわれの前に立ち塞がるのである(18)。

「弘安四年三月三日彼岸」と刻まれた貝籠五輪塔の紀年銘が既述のごとく本物で、しかも一方の弘安四年の春分が二月二十五日であることも間違いないとすると、双方の間に存する最低五日間の誤差は依然解消されないまま残ることになる。どちらか一方に突破口が見いだせるものと期待しながら吟味を続けてきたが、ここに至ってはもはや断念せざるを得ない。だが、翻って考えると、希望通りの結論が得られなかったことは途中の推理よりも、前提条件そのものに間違いがあったのではないかという疑念を抱かせる。私はこの小稿の最初に彼岸に対する先学の学説を紹介し、これに基づいて論理を展開してきたが、すでに明らかなごとく、弘安四年の春分と彼岸に関しては双方の間に、先学の学説に見合うような事実は存しないのである(19)。したがってここから、問題を振り出しに戻し、春分と彼岸の関係を従来の学説とは別に、改めて問い直してみる必要が出てこよう。もちろんその際は考察の対象を拡大して、弘安四年以外のケースも探らねばならない。われわれが常識的に理解している春分と彼岸の関係ではなく、当時の実態に即した双方の関係が得られなければ、貝籠五輪塔の紀年銘問題は依然未解決のままなのである。

『勘仲記』の彼岸記事

勘解由小路（広橋）兼仲は正元元年（一二五九）一六歳で治部少輔に任ぜられて以来、蔵人・左右弁官・参議などを経て永仁元年（一二九三）権中納言となり、延慶元年（一三〇八）一月二十六日に六五歳で死去した[20]。彼が執務の合間に記した日記は当時における政務上の事件に触れることが多く、中でも蒙古襲来に関する記事や、将軍惟康親王の京都送還と久明親王の将軍宣下、関東下向など、朝廷と幕府の関係を示す記事などが注目されるが、こうした事件の記述とは別に毎日の天候や日・月蝕などの天文事象、さらには冬至、彼岸などについても記している。

例えば弘安二年二月十六日の条では[21]、「十六日癸巳晴、月蝕御祈頼誉僧正勤仕之、蝕少令正現、然而陰雲忽聳」と月蝕のことに触れ、同五年七月一日の条では[22]、「一日戊午、夷則告朔幸甚々々、今日日蝕虧初巳七剋、加時午二剋、復末午六剋云々、天快晴、蝕正現、御祈事了遍僧正云々」と、この日の様子について詳しい記録を残している。また、冬至については弘安元年十一月一日の条に[23]、「一日己酉晴、今日朔旦之嘉瑞也云々」と見えるぐらいで、他にこうした記述は見当たらない。弘安元年の場合は十一月一日が冬至となる、いわゆる朔旦冬至の佳節を迎えたために日記にも特別に記されたのである。

さて、彼岸については次に示すごとく、建治元年（一二七五）から正安二年（一三〇〇）までの二六年間に九回の記述が見られる[24]。記録が完全であれば計五二回の彼岸記事を期待できることになるが、弘安八年、正応三年、永仁三〜六年、正安元年の七年間は記録が全く欠落しており、残りの一九年間三八回についても、ちょうど半数の一九回は春分、秋分の相当月たる二月と八月の記事を欠いている。したがって二六年間といっても、記録が存しながら彼岸のことに触れない場合は一〇回だけあって、前述の九回とほぼ等しい値となっている。春と秋にめぐってくる彼岸が二回に一回ぐらいの割合で日記に出現してくるのは、当時の貴族たちにこの風習が次第に浸透してきたことを物語っていよう。考察に入る前にまず『勘仲記』に記された九件の彼岸記事から紹介することにしたい。

①　建治二年八月九日[25]

九日辛未　晴、依番参猪隈殿、自一昨日彼岸中可為此御所云々（下略）

②　弘安二年二月十二日(26)

十二日己丑　晴、（中略）次参長講堂、彼岸結願也、院司光泰奉行、大炊御門大納言、右京大夫等着座、事了給御布施、前少将基光朝臣已下数反取之、事了退出、

③　弘安五年二月十三日(27)

十三日甲辰　晴、後嵯峨院御八講自今日可被行之処、依神木御事被停止了、新院御幸西郊、参北野奉幣、次参広隆寺、釈迦堂、彼岸結願之間参詣人充満、今日結縁、其益不少、（下略）

④　弘安七年二月三十日(28)、三月七日(29)

卅日己酉　晴、今日不出仕、聊所休息也、彼岸初日、所転読阿弥陀経也、殿下自昨日御座猪隈殿、彼岸中可為御所云々（下略）

七日丙辰　晴、（中略）次参長講堂、彼岸御懺法結願也、今日依吉曜可宿侍也、（下略）

⑤　弘安十年八月八日(30)、同月十五日(31)

八日丙寅　晴、（中略）次参猪隈殿、自今日彼岸中可為御所云々、（下略）十五日癸酉　陰、今日不出仕、先考御月忌相當時正結願之間修小善、（下略）

⑥　正応元年二月十五日(32)

十五日庚午　雨降、不出仕、時正初日之間、向河東草堂修小善、為奉資先考菩提也、（下略）

⑦　正応元年八月二十五日(33)

廿五日戊寅　晴、参新院西郊御所、相伴礼部、時正結願之間、御経有説法等、准后之御沙汰也、先御懺法、中将師重朝臣師信朝臣役散花、次御経結願、自新院御方有御加布施、念珠三連付松枝、権大納言取之、給猷宗法印、次説法、

表4　春・秋分と彼岸の関係

年　次	春・秋分	グレゴリオ暦	彼岸期間
①建治2年秋	8月5日丁卯	1276年9月21日	8月7日己巳～(8月14日丙子)
②弘安2年春	2月3日庚辰	1279年3月23日	(2月5日壬午)～2月12日己丑
③ 同 5年春	2月5日丙申	1282年3月23日	(2月7日戊戌)～2月13日甲辰
④ 同 7年春	2月28日丁未	1284年3月23日	2月30日己酉～3月7日丙辰(8日間)
⑤ 同 10年秋	8月7日乙丑	1287年9月22日	8月8日丙寅～8月15日癸酉(8日間)
⑥正応元年春	2月13日戊辰	1288年3月23日	2月15日庚午～(2月22日丁丑)
⑦ 同 元年秋	8月17日庚午	1288年9月21日	(8月19日壬申)～8月25日戊寅
⑧ 同 2年春	2月23日癸酉	1289年3月23日	(2月25日乙亥)～3月3日壬午
⑨正安2年春	2月25日辛未	1300年3月24日	2月27日癸酉～3月4日庚辰(8日間)

注）春・秋分の次には念のために旧暦を太陽暦（グレゴリオ暦）に換算し示している。太陽暦の各日付が現行と多少異なるのは、わが国の場合寛政暦以前は中気の決め方が冬至を起点に1年を12等分する、いわゆる常気を採用していたからで、これによると春分は現行よりも2、3日遅い3月23日～25日になり、秋分は反対に9月21日～23日と現行よりも早くなっている。なお、表中の（　）内の数値は推定である。

定観法印為御導師、事了給御布施、（下略）

⑧　正応二年三月三日(34)

三日壬午　自夜雨降、参長講堂、彼岸御懺法結願也、有臨幸、蔵人少輔光泰奉行、公卿修理大夫、鳥丸前宰相、新管三位著座、殿上人公頼朝臣、頼成朝臣、下官、長躬朝臣、惟輔光輔等、数反取之、御布施口別被物一重、裏物一、衣一懸子、綿一懸子、布一束、紙等、寺領勤之云々、（下略）

⑨　正安二年二月二十七日(35)、三月四日(36)

廿七日癸酉　晴、自今日精進潔斎、転読法華経、（下略）

四日庚辰　晴、参新院奏事、次参長講堂彼岸懺法結願、（下略）

右の九例から鎌倉時代における彼岸の様子を、彼岸の入り・明け、期間などに注意しながら整理すると、①と⑥からは彼岸の入り、②③⑦⑧からは彼岸明けしか分からないが、④⑤⑨の三件は彼岸入りと明け（結願日）の双方を知らせている。これらによると④の弘安七年春の彼岸は二月三十日が入り（初日）で三月七日が明けであるから、八日間が彼岸中ということになる。同様に⑤の弘安十年秋の彼岸は八月八日～十五日までの八日間、さらに⑨の正安二年春の場合は二月二十七日～三月四日までのこれも八日間であって、上の史料によるだけでも「彼岸は七日間」というわれわれの常識は、当時の事実と齟齬することを指摘できるのである。

次に、彼岸の入りは春分・秋分と彼岸との関係を問うことになるので、再び『日本暦日原典』から当該の月日を求め、上述の各史料と対照したのが表4である。一瞥して明らかなように、春分・秋分と彼岸との間には一定の規則的な関係のあることが知れる。すなわち、彼岸の入りはこれまでの学説のごとく彼岸の前ではなくして、いずれもその後であることが判明するのである。①の建治二年の場合は秋分が八月五日であるのに対し、彼岸の入りは八月七日と二日後になっており、④弘安七年春、⑥正応元年春、⑨正安二年春の三例も、彼岸はいずれも春分後二日目から始まっている。⑤の弘安十年秋の場合だけは秋分の八月七日に対し、彼岸の入りが翌八日と間が一日しかなく、異なったケースとして注目される。

また、彼岸明けの日付を記した②③⑦⑧の史料を利用して彼岸入りを逆算すると、②の弘安二年春の場合は彼岸明けが二月十二日であるから、彼岸中を八日間とすると二月五日が彼岸入りとなり、二月三日春分との差も二日となる。⑧の正応二年春の場合も同じ結果となるが、③の弘安五年春と⑦の正応元年秋の二例は、春分・秋分から彼岸明けまでの期間が他よりも一日短いため、彼岸の期間を八日とすると春分・秋分の翌日から彼岸入りしたことになり、先の弘安十年と同じケースが想定される。ただこれらの場合、彼岸の入りを他と同じく春分・秋分の二日後とすることもできるわけで、その際は彼岸の期間が一日短い七日間となることは言うまでもない。

以上、実際の史料に沿って具体的に述べたことを整理すると、当時の彼岸は現行と違って春分・秋分よりも一日か二日後に行われ、彼岸入りから明けまでの期間は七日ないし八日であることが知れるのである。彼岸が春分・秋分を中日としてその前後三日間、計七日間であるとする本稿の最初に紹介した解釈は、現行のあり方をそのまま過去に遡及させたもので、当時の事実に適合しないことは言うまでもなく、はなはだ事物に対する時間的・歴史的思考を欠いているといえるのである。

ていると批判できるのである。

むすび　―貝籠五輪塔の真偽―

かくのごとく、春分・秋分と彼岸の関係を当時の事実に即して吟味した上で、再び貝籠五輪塔の紀年銘に対する真偽を問うことにしたい。この五輪塔が造立された弘安四年の春分は前述のごとく二月二十五日である。二月は大の月であるから春分の二日後に彼岸に入ったとすれば、二月二十七日が彼岸の入りで、七日ないし八日後の三月三日か四日が彼岸明けとなる。彼岸の入りが春分の一日後であっても、その期間が八日間であれば翌三月三日までが彼岸中であり、どちらにしても貝籠五輪塔に刻された「弘安四年三月三日彼岸」の紀年銘は当時の実施暦と矛盾しないのである。それればかりか春の彼岸が二月末日を越えて三月に及ぶのは弘安年間の場合、元年から十年までの一〇年間にこの弘安四年と同七年の二回だけである。このことはかえって上の紀年銘に対する信憑性を増大させ、さらにその稀少価値をも強調することとなるのである。

日本の一地方から発掘された遺物の紀年銘を吟味しながら、春分・秋分と彼岸の関係まで言及することになった。しかし、ここに紹介した五輪塔に限らず多くの石造塔婆が故人の追善供養を目的として造立され、しかもその造立時期に春秋の彼岸が好んで選ばれるとしたら、まずもってその日取りを確認することが緊要であろう。

わが国の旧暦は冬至や春分、秋分などの一二の中気を中心に編暦される。これに対し彼岸や節分などは雑節と称され、一年間の季節の移り変わりをつかむために補助的に置かれたもので、暦の作成には何ら関わりをもっていない。したがって、彼岸の日取りは中気である春分や秋分を中心に決定され、現行の場合は周知のように、春分・秋分を中日としてその前後三日間の計七日間と決められているが故に、この考え方が固定化し、あたかもそれが遠い過去までもそうであったかのように誤解を生む結果となったことは残念である。本稿は勘解由小路兼仲の日記である『勘仲記』

木造地蔵菩薩坐像
（田布施町　蓮華寺）

を手懸かりに、鎌倉時代には春分・秋分を中心とした彼岸の日取りが、現行と四日ないし五日の誤差があり、彼岸入りはすべて春分・秋分の後であることを明らかにした。

さらに、本稿執筆中に現地調査を行った山口県熊毛郡田布施町真殿の蓮華寺にある木造地蔵菩薩坐像も、右の論証を補強することになるであろう。この仏像の胎内には一三行の墨書銘があり、その一行に「貞和六年歳次庚寅二月十五日彼岸中」と記している。この紀年銘を前述の貝籠五輪塔の場合と同じ方法で吟味すると、貞和六年（一三五〇）の春分は二月八日であることが知れる[37]。彼岸の日取りが現行と同じ場合は、二月五日から十一日までの七日間が彼岸中で、紀年銘の二月十五日はもちろんこの中に入らない。しかし、彼岸の入りが春分の一日ないし二日後であれば「二月十五日彼岸中」は何ら疑問が存しないのである。

『勘仲記』は鎌倉後期の建治二～正安二年（一二七六～一三〇〇）が対象であったが、上の蓮華寺の史料はそれから五〇年後の南北朝時代のものである。換言すれば、前述の春（秋）分と彼岸の関係は、鎌倉後期だけでなく南北朝時代に至っても維持されていることをこの史料は立証しているのである。

同様な方法で多くの類例を吟味すれば、時間と空間を考慮に入れたより充実した結果が得られることになる。すでにそうした準備も進めているが、ここで述べることは本稿の主旨を逸脱することになるであろう。別の機会に詳述することにしたい。

【註】

（1）播磨定男編著『中国地方の板碑』（山陽新聞社、昭和六十二年）二六九頁、三三九頁。
（2）同書、七一七頁。
（3）『日本後紀』延暦二十五年三月十七日の条。
（4）同書、四一七頁。
（5）石造美術の研究家として高名な川勝政太郎博士の『日本石造美術辞典』（東京堂出版、昭和五十三年初版）などにも、これと同じ考え方が述べられている。（同書三四三頁）
（6）内田正男編著『日本暦日原典』（雄山閣、昭和五十年初版）四九九頁。
（7）桃裕行「四大を避けること」（『歴史地理』第九一巻第三号）。
（8）同書、二九二頁。
（9）「時正」は必ずしも字義通りには使用されていないが、ここでは吟味をしないことにする。
（10）明治十三年内務省地理局によって編纂された『三正綜覧』が第四版に至っても八〇〇箇所に余る訂正を必要とすることなども、史料による照合の困難さを示していよう。（内田氏前掲書序文）
（11）同書序文。内田氏はまた日本書紀の月朔干支五八九個中八個が当時の行用暦である元嘉暦と合致しないことを指摘している。（同書、五二四頁）
（12）実際は文永年間のものも残っているようであるが、『増補史料大成』には建治元年十二月一日より正安二年三月二十九日までの記事が三冊に分けて収録されている。
（13）一章一九年とすると永仁五年（一二九七）の年も朔旦冬至になるが、『勘仲記』はこの年の記事を欠落している。
（14）『増補史料大成』（臨川書店、昭和四十年初版）勘仲記一、五六頁、一四三頁。
（15）内田氏前掲書、二九一～二九二頁。
（16）『新訂増補国史大系』続日本紀後篇五〇二頁。
（17）内田氏前掲書、五三四頁。
（18）春分は冬至後九一日か九二日目にやってくる。弘安三年の冬至は十一月二十二日であるから翌年の春分は二月二十五日か二十六日となり、前述の暦日計算が正しいことを傍証している。
(19) 当時の行用暦が地方によって異なることも考えられる。しかし、全国に遺存する金石文史料の紀年銘を『日本暦日原典』や『三正綜覧』と照合し、年次・日次の干支が双方一致する事実からすると、可能性はきわめて少ない。
(20) 前掲『増補史料大成』勘仲記一所収の「勘仲記解題」による。
(21) 前掲『増補史料大成』勘仲記一、八九頁。
(22) 同右、一六〇頁。
(23) 増補史料大成本ではこの日の干支が「一日乙酉」とあるが、この前日に当たる十月二十九日は戊申であるから十一月一日は「己酉」となる。原本の誤記か印刷の間違いであろう。(同書、五六頁)
(24) 仏事供養などの記事はあっても、直接彼岸の文字が見えない場合は抄出しないことにする。
(25) 前掲『増補史料大成』勘仲記一、一五頁。
(26) 同右、八八頁。
(27) 同右、一五一頁。
(28) 同右、二六七頁。
(29) 同右、二六八頁。
(30) 前掲『増補史料大成』勘仲記二、二二〇頁。
(31) 同右、二二二頁。
(32) 同右、二七四頁。
(33) 前掲『増補史料大成』勘仲記三、二七頁。
(34) 同右、八九頁。
(35) 同右、二四六頁。
(36) 同右、二四七頁。
(37) 内田氏前掲書、三一五頁。

三　旧暦時代の彼岸

はじめに―問題の所在―

昭和六十年十月、山口県徳山市夜市貝籠《かいごもり》から発掘された五輪塔には、水輪部分に「弘安四年三月三日／彼岸」と刻まれている(1)。通説に従えば彼岸は春分・秋分を中日にその前後三日ずつ、計七日間ということであるから(2)、弘安四年三月三日が彼岸中であるためには二月末日が春分となり、珍しいケースではあるがあり得ないことではない。ところが、旧暦時代の編暦を新暦（太陽暦）に換算した『日本暦日原典』（内田正男編著、雄山閣、昭和五十年）によって弘安四年の春分を調べると、「二月二十五日辛卯」とある。念のためにこれを陽暦（グレゴリオ暦）に換算しても一二八一年三月二十三日となり、旧暦としては妥当な数値が導かれる。弘安四年二月二十五日が春分であれば、彼岸は二月二十二日から二十八日までの七日間であって、貝籠五輪塔に記された三月三日はむろん彼岸中ではなく、彼岸明けの二十八日とは五日の間隔が存する。五輪塔造立の際紀年銘を誤刻したか、あるいは弘安四年二月二十五日春分と記した『日本暦日原典』に計算上の誤りがあるために、双方整合しないものと判断されよう。

前者の紀年銘の方は文字の判読や彫法などにさしたる困難は無いから誤刻を考慮するだけであるが、後者の弘安四年二月二十五日春分については根拠とした『日本暦日原典』の信頼性が問われねばならない。そこで私は昭和六十二年六月発行の本誌第二七号において、右書所収の弘安年間における編暦を同時代史料によって傍証することにした(3)。勘解由小路藤原兼仲の日記『勘仲記』（増補史料大成）にある建治元年（一二七六）から正安二年（一三〇〇）までの二六年間における年月日、干支をコンピューターによる暦日計算と照合した結果、『日本暦日原典』は『勘仲記』と月朔干支など全く一致しており(4)、少なくとも弘安年間における編暦は当時の実施暦であることを立証した。そのために弘安四年二月二十五日春分は正しいことになり、紀年銘との間に生じた背反の事実は依然解消されないまま残ることとなったが、しかし大切なことは、かかる途中の論証よりも「彼岸は春分・秋分を中日にその前後三日ずつ、計七日間」とした前提条件が問題であって、春分・秋分と彼岸との関係が従来の学説とは別に吟味されることになったのである。

『勘仲記』に記された九回の彼岸記事を、彼岸入り、明けに注意しながら春分・秋分と対照した結果を摘記すると、当時の彼岸は春分・秋分の一日か二日後から始まっており、現在とは四、五日の誤差が存すること、また、彼岸入りから明けまでの期間も七日ないし八日間であることを明らかにした。彼岸が春分・秋分を中日としてその前後三日ずつ計七日間であるとする冒頭に紹介した解釈は、現行の在り方をそのまま旧暦時代にまで遡及させたもので、事物に対する時間的・歴史的思考を欠いていることを批判すると共に、問題の貝籠五輪塔の紀年銘にある弘安四年三月三日は、二月二十七日の彼岸入りより七日目の結願日に相当し、間違いなく彼岸中であり、したがってこの紀年銘も本物であることを立証したのである。

春分・秋分と彼岸の関係については、前出拙稿に続けて公刊した拙著『中世の板碑文化』(東京美術、平成元年)においても右と同主旨の見解を記したが、平成二年九月刊行の『国史大辞典』第一一巻(吉川弘文館)では彼岸について、次のように述べている(5)。

春分・秋分を中日とし前後三日ずつを併せた七日間を、それぞれ春の彼岸、秋の彼岸という。しかしこの日取りは弘化元年(一八四四)以後のことで、宝暦四年(一七五四)以前は春分・秋分の日より数えて三日目、すなわち春分が二十一日なら二十三日が彼岸の入りで、それより七日間が彼岸であった。宣明暦の時代（貞享元年、一六八四以前）は没日《もつにち》は数えなかったから、彼岸の期間が八日になることもあった。また宝暦五年から天保十四年（一八四三）の間は春の彼岸は春分から数えて、六日前が入りで春分の翌日が明けであった。秋は秋分の前日に入り秋分より六日目に明けた。（後略）

執筆を担当されたのは前出『日本暦日原典』の著者で、天文学や暦学を専門とされる内田正男氏である。氏は春分・秋分と彼岸の関係が、江戸時代における宝暦五年の改暦を契機に大きく変化したことを述べ、彼岸の日取りが「春分・秋分を中日とし前後三日ずつを併せた七日間」となるのは、江戸時代の宝暦・天保年間の改暦を経た弘化元年以後のこととしている。当時の行用暦は太陰太陽暦であり、これが廃されて新たに太陽暦が採用された明治六年以降はもちろんのこと、実はそれ以前の天保十三年（一八四二）における幕府天文方渋川景佑を中心とした改暦から、彼岸は現在と同じ日取りとなったのである(6)。

それにしても宝暦四年以前といえば、わが国の歴史の大半がこの中に包含される。右の解説では簡単に、宝暦四年以前は「春分・秋分の日より数えて三日目」に彼岸入りし、明けまでの期間を七日としているが、これらが果たして時代や地域的な枠を越えて妥当するかが問題であり、このことは前出拙稿の最後でも言及した点である。旧暦時代の編暦が一定の原則に基づいてなされていること、したがってそこには普遍妥当的な結果が予想されるが、歴史研究の上では実際の行用暦に即した個々の事実を把握し、真偽を確認せねばならない。例えば没日はこれを日数に入れないとしているが、後述のように『吾妻鏡』や『北条九代記』を典拠とした『古事類苑』方技部二所収の没日などは、いずれも編暦上の没日と一致していないのである。これは『吾妻鏡』だけの間違いなのか、それとも関東地方における没日の計算に誤りが存したかは、個々の事例を検証した上でないと確定できないことであり、管見ではまだかかる実証的研究に接してはいない。

さらに付言すれば、旧暦における彼岸が現在のように春分や秋分を中心としないで、いずれもその五日後に彼岸中日を迎えるという、その理由も当然尋ねられるべきであろう。大阪四天王寺の彼岸会に象徴されるように、彼岸中日の行事は浄土思想の影響を受けて昼夜平分になる日を選び実施される。旧暦の彼岸中日が果たしてこの昼夜平分に相当するかは学問的吟味が必要であり、編暦上の日付と天暦との関係も同時に論じられねばならない。右の内田氏の説明は辞典という制約もあって、これらの点については不言及であり、旧暦の彼岸にまつわる問題も一歩中に入れば依然多くの課題を残したままと言えよう。ただし、ここで提起した二つの問題のうち後者については他日を期すことにして、とりあえず本稿では前者の春分・秋分と彼岸の関係を、実際に当時の人々が造立した史料を手懸かりに検証してみたいと思う。大方のご批正を賜れば幸甚である。

「彼岸」表記の諸形式

わが国で彼岸会が行われたのは、『日本後紀』巻一三、大同元年（八〇六）三月十七日の条に(7)「令下二諸国国分寺僧一、春秋二仲月別七日、読中金剛般若経上」とあるのを、文献上の初見としている。また『類聚三代格』の記す太政官符には(8)、毎年春秋の二仲月に七日間の仏事を営むことが以後恒例となったことを記している。両史料とも彼岸の文字は見られないが、平安時代の『宇津保物語』国譲巻下に「彼岸の程によき日を取りてさるべき事思し設けて云々」とあり(9)、『源氏物語』や『蜻蛉日記』などにも彼岸の記述が見られる。

平安時代の文学作品に「よき日」「精進せんとして云々」とあることから推察すると、彼岸は特別の日として意識されていたようであるが、藤原頼長の日記『台記』久安六年（一一五〇）二月十九日丙寅の条には(10)、「自二今日一七ヶ日彼岸潔斎云々」と、十九日から七日間の彼岸中は潔斎して新鋳の不動尊像前で不動呪を一〇万遍唱え、彼岸中には立后宣旨を祈願し日別に心経二一巻を誦し、二十二日の彼岸中日には「午時焼二薫陸一、以所レ求一事白レ仏」と(11)、彼岸中に行われる仏事の内容について具体的に記している。また、『兵範記』の仁平二年（一一五二）八月十八日の条では(12)、彼岸二日目に法勝寺において高さ一丈二尺の五重塔一基を造立したこと、さらに『吾妻鏡』では鎌倉時代中期の建長四年（一二五二）八月十七日の条に(13)、「今日當二彼岸第七日一、深沢里奉レ鋳二始金銅八丈釈迦如来像一」と、鎌倉将軍の病気平癒を祈願し、彼岸明けに金銅釈迦如来像を鋳造した旨記している。彼岸時の仏事も初めは念仏や写経が中心であったが、平安中期頃になるとこれに造仏や造塔などの作善が加わるようになり、ちょうどこうした時期に造られた作品で今日まで遺っているものも少なくない。例えば滋賀県高島郡マキノ町の称念寺にある木造薬師如来立像は、像内背部に「延久六年八月廿五日于時彼岸入日庚寅」と墨書銘があり(14)、また大阪府泉南郡岬町の興善寺にある木造大日如来坐像には、像内に「保安元年八月廿[三]日／彼岸初日」と記している(15)。延久六年（一〇七四）と保安元年（一一二〇）の秋の彼岸を期して造立安置された遺品であることは言うまでもない。

さて、彼岸中に造立された仏像や塔婆類を、平安時代に限らず鎌倉・南北朝・室町時代へと順次年代を下げて拾っていくと厖大な数になる。これは彼岸が次第に人々の生活の中に定着していった結果であり、特に彼岸を煩悩の此岸から仏界の彼岸へ到ること、すなわち極楽浄土への祈願、あるいはその宗教的理想に向かっての実践期間と意義づけた浄土教の興隆が大きく影響している(16)。かかる遺品はすべて旧暦時代の造立であるから、おのおのを整理・吟味することによって、冒頭に述べた春分・秋分と彼岸の関係、ことに旧暦における彼岸入りの日取りを確認することが可能となる。これまでに収集した資料の中から該当する遺品を抽出し、問題点に沿って整理すると次のようになる。

（一）年月日と彼岸何日、第何番を併記するもの

① 延久六年（一〇七四）八月廿五日于時彼岸入日庚寅(17)

（滋賀県高島郡マキノ町、称念寺仏像銘）

② 保安元年（一一二〇）八月廿三日／彼岸初日(18)

（大阪府泉南郡岬町、興善寺仏像銘）

③ 貞応三年（一二二四）甲申八月三日／彼岸初日(19)

（奈良市十輪院町、十輪院仏像造記銘）

④ 嘉禎二年（一二三六）丙申八月廿一日／彼岸／第六(20)

（埼玉県行田市佐間、行田市史料館板碑銘）

⑤ 仁治二年（一二四一）辛丑八月十二日／彼岸第二日(21)

（大分県豊後高田市蕗、富貴寺笠塔婆銘）

⑥ 建長五年（一二五三）癸丑二月十六日丙寅彼岸初日(22)

（東京都府中市本町、善明寺仏像銘）

⑦ 文永五年（一二六八）戊辰二月八日／彼岸第五日(23)

（大分県豊後高田市蕗、富貴寺笠塔婆銘）

⑧⑨ 文保二年（一三一八）戊午／二月十五日／彼岸／第一番（二基）(24)

（埼玉県大里郡岡部町榛沢、新井家墓地板碑銘）

⑩ 永徳三（一三八三）癸亥八月十九日彼岸初日(25)

（高知県香美郡香北町、高照寺仏像銘）

元号に続けて年次と干支、それに月次・日次を記し、さらにその日が彼岸何日、第何番に相当するかを示したもので、該題の春分・秋分と彼岸の関係を知る上に最も好都合な史料である。最初の称念寺仏像銘の場合は、延久六年八月廿五日が彼岸の入り日であり、この日の干支が庚寅であることを告げている。『日本暦日原典』や『日本暦日便覧』などによって延久六年の秋分を調べると、八月二十三日戊子とあるから[26]、庚寅は二日後の八月二十五日であり、彼岸はこの二十五日から始まっていることが知れる。②③⑨の史料も各紀年が彼岸初日に相当することを告げたもので、後掲の表1に示すごとくこれらをその年の春分や秋分と対比すると、①の場合と同様いずれも彼岸入りは春分・秋分の二日後となっている。また、⑤と⑦は彼岸第二日と第五日とあって、彼岸入りしてからの日数を記しているが、同様な計算方法により吟味の結果は、右の数例と同じであることが判明する。⑧の「彼岸第一番」の表記については、かつて服部清道博士も「彼岸七日間を第一番より第七番まで数えたもの」と言われ[27]、例えば彼岸第三番とある場合は彼岸入りして第三日目を指すというのが定説となっている。したがって、文保二年の両基も彼岸第一日目に造立したものと解し紀年との関係を吟味すると、この年の春分は二月十三日であるから十五日は春分の二日後、つまり彼岸初日に相当し、定説通りの結果となっている。

右に掲げた一〇例中八例まではいずれも、彼岸は春分・秋分の二日後から始まっているが、これらと齟齬するのが④と⑥の二例である。④の場合は嘉禎二年八月十三日が秋分であるから、二日後の八月十五日を彼岸入りとすると、紀年銘の八月二十一日は彼岸七日目に当たり、「彼岸第六」と合致しない。「八月廿一日彼岸第六」を生かすとすれば彼岸は秋分三日後の十六日から始まったことになり、いずれにしても前記の結論とは異なる結果となるが、後述のごとく彼岸入りした八月十五日はちょうど没日であって、没日は日数に算入しないとするのが旧暦（宣明暦）の慣習であるから、この年の秋の彼岸は八月十六日～二十二日までの七日間であり、二十一日は紀年銘にあるように彼岸第六日となるのである。また、⑥の場合は建長五年の春分が二月十六日であるから、紀年銘をそのまま解すると十六日の春分当日が彼岸初日ということになる。ただし、「二月十六日丙寅」とあるのは間違いで、十六日の干支は甲子であり、丙寅は十八日となる。「二月十八日丙寅」であれば春分の二日後となり、彼岸初日とも一致するから、本来は二月十八日とす

表1　春分・秋分と彼岸入りの関係

年　次	春分・秋分	陽暦(グレゴリオ暦)	彼岸入り
①延久6年8月25日	8月23日	1074年9月22日	8月25日(秋分2日後)
②保安元年8月23日	8月21日	1120年9月22日	8月23日(　同　)
③貞応3年8月3日	8月1日	1224年9月22日	8月3日(　同　)
④嘉禎2年8月21日	8月13日	1236年9月21日	8月16日(秋分3日後)[2]
⑤仁治2年8月12日	8月9日	1241年9月22日	8月11日(秋分2日後)
⑥建長5年2月16日	2月16日	1253年3月23日	2月16日(春分当日)[3]
⑦文永5年2月8日	2月2日	1268年3月23日	2月4日(春分2日後)
⑧⑨文保2年2日15日[1]	2月13日	1318年3月24日	2月15日(　同　)
⑩永徳3年8月19日	8月17日	1383年9月22日	8月19日(秋分2日後)

1）⑧⑨は同じ紀年銘のものが2基。
2）は8月15日が没日、3）は誤刻のため他と異なっている。
・陽暦（グレゴリオ暦）の日付が現行と多少異なるのは、寛政暦以前の中気の決め方が冬至を起点に1年を12等分する、いわゆる常気を採用しているからで、これによると春分は現行よりも2、3日遅い3月23日～25日になり、秋分は反対に9月21日～23日と現行よりも早くなる。

べきところを二月十六日と誤記したものと解されるのである(28)。

これまでに述べた一〇例について表1を見ながらまとめると、一〇例中八例までが春・秋の彼岸とも春分・秋分の二日後から始まっており、残りの④と⑥の二例もこれに準じていると見なされる。そしてこれらの事例からもたらされた結果は、冒頭に述べた「彼岸は春分・秋分を中日にその前後三日ずつ、計七日間」とする従来の通説とは随分異なっており、彼岸入りだけを比べても五日のずれが存する。ただしこの結果については、徳山市夜市貝籠五輪塔の紀年銘を考証した昭和六十二年発表の旧稿においてすでに指摘したところで、本稿での一〇例は図らずも旧稿で得た結論を補強する結果となったのである。さらに、彼岸の問題は彼岸入りから明けまでの期間が問われねばならない。前掲の各史料は、紀年が彼岸第何日・何番に相当するかを具体的に知らせてはいても、彼岸期間そのものについては解答を示してはいない。該題の追求は他の史料に委ねられており、新たな事例に即した実証的研究が再び必要となってくる。

(二)　年月日と彼岸を併記するもの

①　建保六年（一二一八）戊寅二月廿三日／彼岸上旬(29)

（栃木県鹿沼市上石川、北犬飼薬師堂仏像銘）

② 建長七年（一二五三）乙卯二月十五日彼岸中（30）

（福岡県粕屋郡古賀町、熊野神社板碑銘）

③ 弘安三年（一二八〇）八月廿四日彼岸中（31）

（福岡県大牟田市藤田町、護福寺跡五輪塔銘）

④ 弘安四年（一二八一）三月三日／彼岸（32）

（山口県徳山市夜市、貝籠五輪塔銘）

⑤ 貞和六年（一三五〇）歳次庚寅二月十五日彼岸中（33）

（山口県熊毛郡田布施町、蓮華寺仏像銘）

⑥ 嘉吉三年（一四四三）／八月／二十五日／彼岸日（34）

（鹿児島県揖宿郡開聞町、上野板碑銘）

前項の史料は紀年銘の日次が彼岸何日に相当するかを示したのに対し、右に掲げた各々は紀年銘の日次が彼岸中であることを知らせている。前の場合と同様、『日本暦日原典』や『日本暦日便覧』によって春分や秋分の日次を調べ、これと対照しながら検討していくと、①の建保六年銘は二月十八日が春分であるから五日後の二十三日を彼岸上旬と表記したことになるが、これまでに見た春分・秋分と彼岸の関係でいうと、二十三日は実は彼岸中日に当たる。彼岸中でも中日は最も重視されるから、これを彼岸上旬と表記するのは不自然であり、よく事情を尋ねると、その前日の二月二十二日甲子は没日であることが知れる。春分の四日後が没日であるために紀年銘の二月二十三日は彼岸第三日目に相当することになり、これを彼岸上旬と表記したのである。また②の建長七年銘は、二月十五日が彼岸中であることを告げているが、この年の春分は二月八日であるから十五日は春分の七日後となる。以下同じ方法で紀年銘の日

表2　彼岸入りから明けまでの期間

年　次	春分・秋分	陽暦(グレゴリオ暦)	春分・秋分との関係
①建保6年2月23日	2月18日	1218年3月23日	春分後4日(彼岸3日目)[1)]
②建長7年2月15日	2月8日	1255年3月24日	春分後7日(彼岸6日目)
③弘安3年8月24日	8月19日	1280年9月21日	秋分後5日(彼岸4日目)
④弘安4年3月3日	2月25日	1281年3月23日	春分後8日(彼岸7日目)
⑤貞和6年2月15日	2月8日	1350年3月24日	春分後7日(彼岸6日目)
⑥嘉吉3年8月25日	8月21日	1443年9月23日	秋分後4日(彼岸3日目)

1) 2月22日甲子が没日のため日数が他と異なる。
・陽暦(グレゴリオ暦)の日付が現行と異なることは前項の表1下欄に注記。

次と春分・秋分との関係を整理したのが表2である。いずれも春分・秋分の四～八日後の日付となっており、しかもその日が彼岸中であることを告げているのが重要である。すなわち、彼岸の期間をこれまでのように春分・秋分を中日に前後三日ずつ、計七日間とすると、彼岸は春分・秋分の三日後までとなってこれ以上に及ぶことはあり得ないことになる。しかし、右の史料はいずれも四日以上の間隔があり、旧暦における彼岸が日取りの上でも従前の学説と異なることはもちろん、大きく改訂されるべきことを示唆しているのである。直截に言えば、ここに掲げた史料もまた前項で述べた、旧暦における彼岸は春分・秋分の二日後から入るという結論を支持しており、さらにもう一つの課題、すなわち彼岸入りから明けまでの期間が何日かという問いに対し考察を進めていくと、④の弘安四年銘が注目される。この史料は説明するまでもなく、弘安四年三月三日が彼岸中であることを示すが、弘安四年は二月二十五日が春分で、しかも二月は三十日晦日の大の月であるから、三月三日は春分から数えて八日後となる。そして二月二十五日春分の二日後の二十七日を彼岸入りとすると、翌三月三日はちょうど彼岸七日目に相当する。逆に言えば彼岸期間が七日以上でないと三月三日は彼岸中ではないことになる。旧暦の彼岸が七日目を明け・結願日としていることは貴族の日記からも窺い知ることができるが、ただ、日記の場合は錯誤も加わって彼岸期間が必ずしも七日とは一定していない。没日も入らないのに八日といったケースもあってその原因を把握し得ないが、次の史料は仏像や塔婆の造立を記念しての刻銘であるから、日記よりも信頼性は高いと言えよう。

建長五年（一二五三）癸丑二月時正中日己巳(35)

（東京都台東区上野公園、東京芸術大学仏像銘）

貞和四年（一三四八）戊子八月廿六日時正中日(36)

（岡山市浜田町、報恩寺旧在板碑銘）

前者の二月時正中日は干支の己巳により二月二十一日に相当する。春分は二月十六日であるから、彼岸は二日後の十八日から始まり二十一日を中日とすると明けは二十四日となり、彼岸入りから明けまでの期間は二十一日を中日に七日間となる。また後者の場合は、八月二十一日が秋分であり、二十六日を中日とすると彼岸は八月二十三日から二十九日までの七日間となり、前者と同様の結果が得られる。すなわち旧暦時代の彼岸は春分・秋分の二日後から始まる点で現行暦とは大きく異なるが、彼岸入りから明けまでの期間は現在と同様七日間であることが知れるのである。なお、右の史料にある時正について、辞書や事典では昼夜平分の意に捉え、春・秋の彼岸の中日と解説している。しかし時正が彼岸中日を指すなら、何も「時正中日」と表現する必要はないわけで、文字の意味はともあれ、当時の人々はこれを彼岸と同義に使用していることを知らねばならない(37)。

（三）　年月と彼岸第何日・何番を併記するもの

①　健保五（一二一七）丁丑二月彼岸第三日(38)

（栃木県塩谷郡塩谷町、佐貫観音堂曼荼羅銘）

②　仁治三年（一二四二）大歳壬寅／八月彼岸第三番(39)

（埼玉県行田市小見、真観寺板碑銘）

③　建長六年（一二五四）／八月彼岸第一番[40]　（宮城県角田市稲置、稲置薬師堂仏像銘）

④　正嘉二年（一二五八）八月彼岸七番[41]　（埼玉県飯能市川寺、願成寺板碑銘）

⑤　弘安十一年（一二八八）二月彼岸第六番[42]　（埼玉県北埼玉郡騎西町、西円寺板碑銘）

⑥　元徳二年（一三三〇）庚午八月彼岸十六日[43]　（埼玉県八潮市鶴ヶ曽根、秋元家板碑銘）

⑦　元徳三年（一三三一）大才壬申八月彼岸第三番[44]　（岩手県東磐井郡川崎村薄衣、如来寺跡板碑銘）

⑧　永和二年（一三七六）丙辰八月彼岸第二番[45]　（山形市鉄砲町、光禅寺板碑銘）

⑨　応永廿三季（一四一六）二月彼岸会初日[46]　（奈良県大和郡山市柏木町、光明寺仏像銘）

⑩　天正十年（一五八二）二月彼岸中日[47]　（埼玉県東松山市岩殿、正法寺の向い山板碑銘）

元号、年次、月次に続けて彼岸第何日・第何番と明記するもので、鎌倉時代初期から各時代を通じて散見し、地域的にも広く分布している。「彼岸第三日」「彼岸中日」「彼岸会初日」などの表記はこれまでの例からして各々彼岸入りしてからの日数を示す。類例の多い彼岸第何番についてはすでに触れたように、彼岸七日間を第一番より第七番まで数えたもので、第三番は第三日と同義である。かかる解釈からすると⑥の事例は特異であり検討を必要とする。おそらく編者は「元徳二年庚午八月十六日彼岸」と記すべきところを日次と彼岸を前後して刻んだものと解し、詳しく吟味しないまま収録したのであろうが、元徳二年の秋分は八月二日であるから、彼岸は八月四日〜十日までとなり、八月十六日は彼岸中ではない。彼岸より下の三文字が不鮮明ではあるが、この紀年銘は「八月彼岸第六日」と解すのが穏当で、彼岸第六日目の造立と見なすべきであろう。ただ、ここに列挙した各史料は彼岸第何日・何番と指示はするものの肝心の日次を欠いているため、果たしてそれが何日に当たるかは紀年銘からは知り得ない。換言すれば、春分・秋分と彼岸の関係を直接に立証する史料とはなり得ないのである。

(四)　年月と彼岸を併記するもの

①　文応二（一二六一）年辛酉二月彼岸(48)
（山口県宇部市西区島、宇部市立図書館板碑銘）

②　元亨二（一三二二）年三月彼岸(49)
（鹿児島県鹿屋市高須町、波之上神社板碑銘）

③　康永四（一三四五）仲秋彼岸(50)
（埼玉県入間郡毛呂山町大類、古野家板碑銘）

④　永享九（一四三七）年丁巳八月彼岸(51)
（埼玉県入間郡日高町高萩、比留間家墓地板碑銘）

⑤　元亀四（一五七三）癸酉年三月彼岸日(52)
（福岡県山門郡三橋町垂見、心源寺板碑銘）

⑥　元和七辛酉（一六二一）年八月彼岸日(53)（千葉県佐原市香取、新福寺板碑追銘）

元号と年次・月次に続けて彼岸・彼岸日と記すのは、これまでよりも簡略な表記法で、鎌倉時代頃から時代や地域に関係なく頻出する。旧暦では春分は二月、秋分は八月と決まっているため①③④⑥のような事例が一般的である。ところが、②や⑤のように彼岸が翌三月や九月に及ぶことを記したものも見受けられる。旧暦の場合は現行の太陽暦のように春分や秋分の日が一定していないから、二月や八月の末に春分・秋分がくることもあり、したがって、これに付随する彼岸も翌三月や九月に及ぶこととなり、真偽については個々の吟味が必要となってくる。②の元亨二年銘の場合は、春分が二月二十八日であるから彼岸は翌三月にまで及ぶため、紀年銘の「元亨二年三月彼岸」は誤刻とは言えない。⑤の場合は、元亀四年の春分が二月十一日であるから「三月彼岸日」はあり得ないわけで、これは「二月彼岸日」の誤刻か誤読と解される(54)。また、末尾の「彼岸日」についてこれを「彼岸中日」と解説した事典も存するが、これは彼岸七日間の特定日を指すわけではないから彼岸中と同義に見なすべきであろう。旧暦における彼岸を現行暦と同様三月や九月とするのは論外としても、二月や八月に拘泥し「三月彼岸」や「九月彼岸」を誤刻として斥けることも、学問的態度とは言えない。

さらに、右のことと関連して付言すれば、旧暦における彼岸が春分・秋分を中日にその前後三日ずつ計七日間とすると、春分や秋分が二月と八月の月初めにきた場合、彼岸はこれまでとは反対に前月から始まることも考えられる。つまり二月一日が春分であれば、これより三日前の正月二十七日か二十八日に彼岸入りするわけで、その結果は「正月彼岸」「七月彼岸」の事例を成立させることとなるが、本稿で紹介した三四例の史料はもちろんのこと、これ以外の手持ち史料を見ても該当するものは一例も存しない。このことは言うまでもなく、旧暦における彼岸が日取りの上で通説とは異なることを示唆するものであり、また同時に既述の、すなわち旧暦における彼岸は春分・秋分に付随して催されるとはいえ、いずれもこれの二日後から始まるという、多くの実証例から導かれた結論を傍証するものと言えよう。

没日と彼岸の日取り

暦博士の賀茂在方《あきまさ》が応永二十一年（一四一四）に著した『暦林問答集』下「釈㆓没滅㆒」第三〇には(56)、没日について次のように記している。

或問没滅者何也、答云、暦例云、滅没者、是暦数余分、陰陽不足、非㆓正日㆒故、堯不㆘以㆓此日㆒下㆖㆑堂、舜不㆘以㆓此日㆒通㆗四方㆖也、又没者天与㆑日会、而日不㆑及㆓於天㆒余分也、是曰㆓気盈㆒、又曰㆑没（中略）皆以㆑非㆓正日㆒故、聖人慎而不㆑用也、百事勿㆑用㆑之、大凶焉

また、『頭書長暦』上では(57)

没日ハ天ト与㆑日会シテ、日ガ于㆑天及バザルノ余分、年中ニハ五日廿四刻有奇也、是ヲ気盈ト名付テ、正日ニアラズ一切ノ事業ニ悪日也

とあって、没日は日ではあるが日数に数えない日のことであり、これが一年に五日二四刻あると説明している。この五日二四刻というのは宣明暦における一太陽年の三六五・二四四六日から三六〇日を減じた残り五・二四四六日のことで、これを三六五・二四四六日で割った数を毎日に割りふり、その数が一日に達すると没日としたので、実際に没日は六九・六日余りで巡ってくることになる(58)。

問題はこの没日がいつやってくるかであり、もしも春分・秋分から彼岸明けまでの間に没日が入るようであれば、

当然彼岸の日取りや期間も影響を受けることになる(59)。例えば『古事類苑』方技部二には『中右記』の大治四年（一一二九）八月廿四日の条を引用し、若宮御五十日賀の撰日に関して没日を日数に算入するかどうかを陰陽師に質し、結局日数に算入しなかったことを記載している。没日は正日に非ず、しかも悪日、大凶日であればこれを避け、さらに日数に入れないとするのも当然で、『吾妻鏡』建長四年九月七日戊子の条にも(60)

午剋、御悩御平減之後、有㆓御沐浴之儀㆒、而今日没日也、凡無㆓日次㆒之由、陰陽道頻雖㆓傾申㆒云々

とあり、同六年四月廿四日丙寅の条、弘長三年十二月廿四日庚午の条などにも没日のことが記されている。

平安時代の貴族の日記や鎌倉幕府の編纂物に没日が記載されることはそれだけ人々の関心も強い証左と言えようが、こうした世間一般の風潮とは逆に当時における没日の計算が必ずしも正しくは行われていないことも指摘されている(61)。例えば右に示した『吾妻鏡』の紀年を吟味しても、建長四年九月七日が没日とすると前述のように没日は六九・六日余りで巡ってくるから、同六年四月二十四日および弘長三年十二月二十四日などもこの倍数上にあらねばならないが、事実は全く違っており、右の三史料の紀年は湯浅吉美氏が大衍・宣明両暦の全期間を対象に作成した「没日・滅日一覧」にも記載が無い(62)。したがって、『古事類苑』が収録した没日に関する『吾妻鏡』の記事は間違いということになるが、しかし、この事実を捉えて関東地方の没日計算に誤用があったとするのは、早計の謗を免れないであろう。次に掲げる両史料は共に関東地方で造立されたものであり、紀年銘にある月日と彼岸の関係が没日を前提にして初めて他と適合するからである。

嘉禎二年（一二三六）丙申八月廿一日／彼岸／第六(63)

（埼玉県行田市佐間、行田市史料館板碑銘）

建保六年（一二一八）大才戊寅二月廿三日彼岸上旬(64)

（栃木県鹿沼市上石川、北犬飼薬師堂仏像銘）

両史料とも紀年銘の説明はすでに終えているのでその要点だけを記すと、前者は八月十五日の彼岸入りから数えると二十一日は彼岸第七日目となるが、十五日は没日であるから彼岸入りは翌十六日となり、八月二十一日は銘文通り彼岸第六日となるのである。後者の建保六年銘も、二月二十日の彼岸入りから数えると二月二十三日は第四日目、すなわち中日となり、これを「彼岸上旬」と記すのは通常と異なる。しかし前日の二十二日は没日であり、これを彼岸の日数に算入しないから二月二十三日は一日繰り上がって彼岸第三日となり、これを彼岸上旬と表記したと考えられるのである。

以上の二例はいずれも没日の存在を考慮することによって、紀年と春・秋分の関係を合理的に説明できるから、『吾妻鏡』が編纂された鎌倉時代中期頃には、武蔵・下野方面の関東地方でも没日が実生活の上に反映されていたと解すべきであろう。『吾妻鏡』の記事が何を典拠にしたかは不明であるが、没日の計算に誤りが存するのは編纂物自身であって、関東地方の生活や習慣でないことを右の史料は如実に物語っているのである。

むすび

平安時代中頃から江戸時代までに造立された仏像や石造塔婆などを手懸かりに、旧暦における彼岸が現行暦と日取りの上で異なることを立証してきたが、顧みると事例がやや平安・鎌倉時代に偏し、南北朝時代以降のものが少なかったように思われる。これは石造物などの場合、室町時代頃になると紀年銘を刻すにも「于時文明二天二月彼岸」[65]（山口県新南陽市富田、笠石板碑）や「永正七年庚午八月時正」[66]（埼玉県戸田市下笹目、平等寺板碑）などと省略した方法が取られるようになるため、彼岸行事そのものが衰退したわけではない。事実はむしろ反対で南北朝時代以降になると彼岸は年中行事として人々の生活に定着し、その様子は貴族の日記などに頻出してくる。『洞院公定日記』

をはじめ『宣胤卿記』『親俊日記』『家忠日記』などによっても旧暦時代の彼岸を実証することが可能であり、手元ではその試みを実際に行ったりもしているが、本文で述べたことと結論は一致しているのでこれらについては一切触れないことにする。ただ、日記などの文献史料の場合は『勘仲記』がそうであったように、時々日付を誤記することもあって、そのために春分・秋分の翌日に彼岸入りしたり、彼岸入りから明けまでの期間が没日とは無関係に八日となったりすることもある[67]。この点本稿で例証として用いた金石文史料は一、二を除いて誤刻らしきものも見られず、該題を追求する手段としては最も信頼を置くことができる。

ただし、各地で調査収録された報告書には明らかに誤記・誤読と見られるものも少なくない。本稿に未所収の史料から目立ったものを紹介すると、奈良県吉野郡西吉野村黒淵の常覚寺にある五輪塔について、地元では「正平十二年八月晦日時正」（地輪銘）と報告しているが[68]、正平十二年（一三五七）の秋分は八月一日であり、八月晦日時正とは符合しない。現地調査では「八月時正」とあるだけで、晦日の文字は存せず、したがって、この五輪塔は正平十二年八月三日～九日までの時正期間に造立されたものと解されるのである[69]。また、奈良市西新屋町の小塔院墓地にある六字名号板碑は「慶長十五／庚戌二月二日時正」と報ぜられているが[70]、時正は今日の解釈とは違って当時は彼岸と同義に使用されているから、時正に入るのは春分・秋分の二日後であり、これが二月二日にくることはあり得ない。このことを当時の編暦で確認すると、慶長十五年（一六一〇）の春分は二月二十九日とあり、したがって、彼岸は翌閏二月二日～八日までとなるのである。「閏二月二日時正」が正しいと言えるが、果たして実物が如何なるかは未確認のままである。

最後に『奈良県史』所収の清久寺宝篋印塔（吉野郡野迫川村北股）の紀年銘「応永二四八時正」について、同書は「応永二年四月八日時正」と解説しているが[71]、これは全くナンセンスである。時正が三月や九月にくることはあっても四月にまで及ぶことはない。これは「応永二十四年八月時正」を省記したもので、同様の事例は和歌山県高野山町石道の三十町石付近にある五輪塔銘にも見られる。これは地輪に「正平廿二八時正」とあり[72]、解釈としては「正平廿年二月八日時正」か「正平廿二年八月時正」の二通りが考えられる。真偽の判断は当時の編暦に当たってみる他はなく、正平二十年（一三六五）の場合は二月二十二日が春分であるから前者のケースは成立せず、したがって後者の解釈を正しいものと見なさねばならない。その他「二月廿日時正中日」を「三月廿日時正中日」としたケースも見られ[73]、これなどは二と三を単純に見誤るか誤植から出たものであろうが、「三月彼岸」や「三月時正」の場合は、単に数字の間違いではなく、実際にこうした例も存することは本稿において縷々述べたところである。これらを徒に誤刻として斥けることは現代の知識を過去に強要することであり、物事を歴史的に思考する態度を欠如したものと言わざるを得ない。

【註】

（1）拙稿「徳山市貝籠五輪塔の紀年銘」（『徳山大学論叢』第二七号、昭和六十二年）。
（2）高柳光寿編『角川日本史辞典』（角川書店、昭和四十一年）および『日本歴史大辞典』（河出書房、昭和四十五年）など。
（3）前掲拙稿。
（4）建治元年から正安二年までの二六年間に暦日を二回だけ意図的に変更しているが、『日本暦日原典』は『勘仲記』『続史愚抄』『暦断簡』などによってこれを補正している。
（5）同書、八五四頁。
（6）内田正男著『暦と時の事典』（雄山閣、昭和六十一年）一九七頁。
（7）『日本後紀』（新訂増補国史大系）五四頁。
（8）『類聚三代格』前篇（新訂増補国史大系）一一一頁。
（9）『宇津保物語』12（日本古典文学大系一二）二五二頁。
（10）『台記』二（増補史料大成第二四巻）一二頁。

(11) 薫陸は『和名抄』に「薫陸香、俗音君禄、山中天竺也」とあって、香料のことである。(新村出編『広辞苑』六六九頁)
(12)『兵範記』一(増補史料大成第一八巻)一三五頁。
(13)『吾妻鏡』第四(新訂増補国史大系)五三三頁。
(14) 久野健編『造像銘記集成』(東京堂出版、昭和六十年)四二頁。
(15) 同右、五六頁。
(16) 伊藤唯真編『仏教年中行事』(仏教民俗学大系6)(名著出版、昭和六十一年)三四頁。
(17) 註(14)に同じ。
(18) 註(15)に同じ。
(19)『鎌倉時代の彫刻』(東京国立博物館、昭和五十一年)三三四頁。
(20) 埼玉県立歴史資料館編『板碑―埼玉県板石塔婆調査報告書』Ⅲ(名著出版、昭和五十六年)五一一頁。筆者実見。
(21) 望月友善著『大分の石造美術』(木耳社、昭和五十年)七〇頁。筆者実見。
(22) 前掲『造像銘記集成』二一〇頁。
(23) 前掲『大分の石造美術』七二頁。筆者実見。
(24) 前掲『板碑―埼玉県板石塔婆調査報告書』Ⅲ、四五二頁。筆者実見。
(25) 前掲『造像銘記集成』四五一頁。
(26) 旧暦における春分・秋分の日付は内田正男編著『日本暦日原典』(雄山閣、昭和五十年)および湯浅吉美編『日本暦日便覧』上(汲古書院、昭和六十三年)による。以下同様。
(27) 服部清道著『板碑概説』(角川書店、昭和四十七年復刻)五八三頁。
(28) 後述のように東京都台東区上野公園の東京芸術大学には、「建長五年癸丑二月時正中日己巳」と刻んだ仏像がある。二月時正中日の「己巳」は二月二十一日に相当するから彼岸の入りは十八日となり、「二月十六日丙寅彼岸初日」が誤刻であることを傍証している。
(29) 前掲『造像銘記集成』一五四頁。
(30) 多田隈豊秋著『九州の石塔』上(西日本文化協会、昭和五十年)九五頁。筆者実見。
(31) 同右、七四頁。筆者実見。

(32) 註（1）に同じ。
(33) 前掲『造像銘記集成』四一八頁。筆者実見。
(34) 築地健吉著『鹿児島県板碑概説』（鹿児島県文化財調査報告書第一八集、昭和四十六年）一〇七頁。紀年銘の日付部分が欠け「□十五日」としか読めないが、彼岸との関係から「二十五日」とした。筆者実見。
(35) 前掲『造像銘記集成』二一一頁。
(36) 拙著『中国地方の板碑』（山陽新聞社、昭和六十二年）六九頁。
(37) 詳しくは拙著『中世の板碑文化』（東京美術、平成元年）八七頁を参照されたい。
(38) 前掲『造像銘記集成』一五二頁。
(39) 前掲『板碑―埼玉県板石塔婆調査報告書』Ⅲ、四九九頁。
(40) 前掲『造像銘記集成』二一八頁。
(41) 前掲『板碑―埼玉県板石塔婆調査報告書』Ⅱ、六九九頁。
(42) 同右Ⅱ、五六七頁。筆者実見。
(43) 同右Ⅲ、七〇三頁。
(44) 『川崎村石造文化財』第一部（川崎村文化財調査報告書第五集、昭和五十九年）三九頁。
(45) 川勝政太郎著『日本石造美術辞典』（東京堂出版、昭和五十三年）八四頁。
(46) 前掲『造像銘記集成』四七二頁。
(47) 前掲『板碑―埼玉県板石塔婆調査報告書』Ⅲ、五一頁。筆者実見。
(48) 前掲『中国地方の板碑』二六九頁。
(49) 前掲『九州の石塔』下、三六五頁。筆者実見。
(50) 前掲『板碑―埼玉県板石塔婆調査報告書』Ⅱ、八八五頁。
(51) 同右Ⅱ、九三二頁。
(52) 前掲『九州の石塔』上、一二五頁。
(53) 『千葉県史料』金石文篇二（千葉県史料調査会、昭和五十三年）五一頁。

（54）現地の三橋町教育委員会に確認したところ「二月彼岸日」と判明した。
（55）庚申懇話会編『日本石仏事典』（雄山閣、昭和五十年）三四六頁。
（56）『古事類苑』方技部二、一〇四頁。
（57）同右、一〇四頁。
（58）広瀬秀雄著『暦』（近藤出版社、昭和五十三年）一二六頁。前掲『暦と時の事典』一七六頁。
（59）江戸時代に入って渋川春海は貞享改暦の際没日を暦注から削除したから、これ以降は問題とならない。
（60）『吾妻鏡』第四（新訂増補国史大系）五三四頁。
（61）前掲『日本暦日原典』五〇四頁。
（62）前掲『日本暦日便覧』下所収。これは大衍・宣明両暦の全期間（七六四〜一六八四年）における没日・滅日を一覧表にしたもので、凡例によると右の計算結果を現存の具注暦の記事二〇〇件（全数の約四％）と校合したところ、没日はすべて一致した旨記している。（同書一二八四頁）
（63）註（20）に同じ。
（64）註（29）に同じ。
（65）前掲『中国地方の板碑』三一四頁。
（66）前掲『板碑—埼玉県板石塔婆調査報告書』Ⅱ、三五五頁。
（67）前掲拙稿「徳山市貝籠五輪塔の紀年銘」を参照されたい。
（68）『奈良県史』七、石造美術（名著出版、昭和五十九年）五二四頁。筆者実見。
（69）時正については註（37）を参照のこと。
（70）前掲『奈良県史』七、一一四頁。
（71）同右七、五二六頁。
（72）巽・愛甲共編著『紀伊国金石文集成』（真陽社、昭和四十九年）四九頁。
（73）司東真雄著『岩手の歴史論集』Ⅱ　中世文化（岩手の歴史論集刊行会、昭和五十四年）五二五頁。

四　旧暦時代の彼岸と時正

はじめに―問題の所在―

石仏や石塔などの調査に携わっていると、紀年銘の表記形式にも各々時代的な特徴のあることが注意される。また、「嘉元四年八月時正」（岡山県有漢町、土居板碑銘）や「文明二天二月彼岸」（山口県新南陽市富田、笠石板碑銘）のように[1]、紀年銘に続けて「時正」や「彼岸」などの文字を付記したものも割合広く分布しており、石仏や石塔の造立が時正や彼岸と深く関わっていることにも興味をそそられる。時正は字義通りに解釈すれば、昼夜平分、すなわち「春・秋の彼岸中日[2]」のことであり、彼岸は「春分・秋分の日を中日としその前後七日間[3]」とするのが通説である。右の二例で言えば、前者は嘉元四年（一三〇六）八月の彼岸中日（秋分）に、後者は文明二天（一四七〇）二月の春分を中日とした彼岸中に造立されたことになるが、このような理解の仕方は果たして過去の歴史事実を正しく反映しているだろうか。

周知のように、明治六年（一八七三）に太陽暦を採用する以前のわが国の行用暦は太陰太陽暦である。これは月の満ち欠けによる太陰暦と太陽の動きを中心とした太陽暦とを折衷したもので、日常生活に必要な時間の経過は月の周期をもってするが、季節の変化を告げる二十四節気、八十八夜、二百十日などはすべて太陽の位置によって決定される[4]。したがって二十四節気中の春分や秋分も、現行太陽暦のように日付は一定していないが、一年の中で昼夜平分になる日がこれに当てられるものと思惟され、冒頭の時正や彼岸に対する説明はあえて注釈を加えなくても、現行暦だけでなく太陰太陽暦の旧暦をも対象とすることになるのである。端的に言えば、彼岸が春分・秋分を中心に行われるのは昔も今も変わらぬことであって、ただ違いと言えば、現行の太陽暦では彼岸は三月と九月にくるが、旧暦ではこれが二月と八月になるという点のみが指摘されるのである(5)。

かかる前提のもとに様々の現存史料を見ていくと、「応永卅二年九月時正」(埼玉県入間市上藤沢、石田家墓地板碑銘)(6)や「元亨二年三月彼岸」(鹿児島県鹿屋市高須町、波之上神社板碑銘)(7)と刻銘したものの存在が注目される。旧暦における春分や秋分は「二月中」「八月中」といって、これらが翌月に及ぶことはないからである。二月中の春分を含む月が二月であり、同様に八月中の秋分を含む月を八月とするのが旧暦の鉄則であって(8)、かかる考え方からすると、右の二史料のうち後者の場合はともあれ、前者の「九月時正」は全くの異例であり、誤刻と見なさねばならない。しかし、翻って考えると、既成の理論や原則と合致しない事実の存在は、理論や原則そのものの真偽を吟味すべき契機を含んでいる。時正や彼岸に対する従来の学説とは別な新たな発見を示唆しているとも言えるのである。

右に指摘した時正と彼岸のうち後者の彼岸についてはすでに過去二回にわたって論述の機会を得る(9)と同時に、平成二年九月に吉川弘文館から公刊された『国史大辞典』第一一巻(10)においても、同主旨のことが記されているので、いまここで再論する必要はないが、本稿で問題とする時正との関係からその要点を記すと、次のようになる。すなわち、旧暦時代の彼岸は春分・秋分を中日にその前後七日間とする通説に対し、実際は春分・秋分の二日後から始まっており、彼岸の入りだけでも現行と五日間の違いのあることが、日本の各地に所在する金石文史料によって立証されたのである。その結果、彼岸入りを現行暦と同様春分・秋分の三日前とする従来の考え方は間違いであり、さらに肝要なことは、彼岸の中日が旧暦では春分・秋分の日に相当しないという事実も判明したのである。また、彼岸入りから明けまでの期間は現在と同様七日間であるが、没日の場合は日数に入れないから、これが春分や秋分の直後あるいは彼岸中にくる時は一日増えて、彼岸期間が八日となる場合も存するのである。これらの新事実から旧暦における彼岸は通常の二月と八月だけでなく、翌三月や九月に及ぶこともあり得るわけで、例えば前掲の「元亨二年三月彼岸」や「弘安四年三月三日彼岸」（山口県徳山市夜市、貝籠五輪塔銘）なども、決して誤刻や誤読ではないことが立証されたのである(11)。

旧暦時代の彼岸の入りがいずれも春分・秋分の二日後とすると、春分・秋分を彼岸の中日とする現行暦とは大きな違いが出てくる。すなわち、旧暦においては春分・秋分が彼岸の中日とはなり得ず、しかも彼岸七日間の中にさえ入ってこないという意外な事実がもたらされたのである。しかし、既刊の辞典類に記された「彼岸会」の説明には、「太陽が正東から出て正西に沈む春分と秋分の日に、浄土を観想し、往生を願う仏教行事」とあり(12)、春と秋の彼岸時に催される彼岸会が春分・秋分を中心に営まれることは単に暦学上の問題だけでなく、仏教の教義そのものと深く関連していること。さらに、太陽が正東から出て正西に沈むいわゆる昼夜平分の日を時正と言い、それは春分・秋分の日であるとする解釈も一般になされている(13)。もしそうであるなら、前掲の「応永卅二年九月時正」などは異例というよりも全く矛盾した存在と言わねばならない。これらを単に誤刻として斥けることは容易であるが、後述のように「八月時正中」や「八月時正第一日」「八月時正第七番」「八月時正中日」などと記した事例もあって、従来の時正に対する解釈では到底説明し得ない事実に遭遇するのである。したがって、本稿ではこれらの時正に関連した事例を収集整理し、太陰太陽暦を行用暦としていた明治五年（一八七二）以前の社会においては、「時正」が果たして今日私たちが理解するのと同じ意味に使用されていたかを吟味検証すると共に、春分や秋分、彼岸との関わりについても考察を広げることとする。史料としては前記拙稿の場合と同様、わが国で初めて彼岸が催された平安時代から江戸時代初期頃までの、全国に分布する金石文の中から該題に関係したものを抽出することにした。それは時正を単に語義的に解釈し、その結果を歴史に充当させようとするのではなく、旧暦時代の歴史事実に即した、でき得れば時間と空間を考慮に容れた実証的研究を目指しているからである。事例の十全には今後も努めることにして、とりあえずこれまでに現地調査等で収集した手持ちの史料により、右に指摘した諸点について順を追いながら言及することにしたい。大方のご批正を賜れば幸甚である。

「時正」表記の諸形式

（一）「時正」「時正日」

冒頭に紹介した岡山県有漢町土居の二尊像容板碑銘のように、紀年に続けて「時正」あるいは「時正日」と記した事例は最も多く、各時代を通じ地域的にも広く分布している。それらの中から比較的知られたものを掲げると、次のようになる。

文永八年《（一二七一）》辛亥八月時正(14)（群馬県邑楽郡千代田村赤岩、光恩寺板碑銘）
正平十四年《（一三五九）》己亥二月時正(15)（島根県安来市清水町、清水寺板碑銘）
貞治三年《（一三六四）》甲辰八月時正日(16)（埼玉県児玉郡児玉町保木野、鈴木家板碑銘）
天文八年《（一五三九）》己亥春景時正日(17)（山口県美祢市大嶺町奥分、藤ケ河内板碑銘）

右の「時正」について、石田茂作博士は「時正は彼岸中日のこと」と言われ(18)、服部清道博士も「彼岸中日、即ち彼岸七日の第四日を称す。鎌倉時代以後広く用ひられて其の用例多し」と記されている(19)。また、川勝政太郎博士は「彼岸七日間のうち中日が時正の日である。時正日・時正中日という書き方をしたのもある」と博識を披瀝されている(20)。

管見に触れた中で時正を「彼岸の初日」と解説したのは『坂戸市史(21)』だけで、他は本稿の最初に紹介した広辞苑や歴史辞典と同様、時正は新旧の行用暦に関係なく彼岸中日を指すものと解されている(22)。特に石田茂作、服部清道、川勝政太郎の三博士は斯界の碩学であるだけに後世への学問的影響は甚大と言わねばならない。ところで、右に掲げ

表1　春分・秋分と時正の関係

紀年銘	春分・秋分	陽暦(グレゴリオ暦)	彼岸期間（中日）
①永仁６年８月11日時正	８月９日	1298年９月22日	８月11日～17日（８月14日）
②嘉元四季２月３日時正	２月１日	1306年３月24日	２月３日～9日（２月６日）
③永和５年２月23日時正	２月27日	1379年３月24日	２月29日～３月6日（３月３日）
④永徳三季８月19日歳時正	８月17日	1383年９月22日	８月19日～26日[1]（８月23日）
⑤天文16年２月晦時正日[2]	２月24日	1547年３月25日	２月26日～3月2日（２月29日）
⑥慶長15年２月２日時正[3]	２月29日	1610年３月24日	閏２月２日～８日（閏２月５日）

1）永徳３年８月22日が没日であるため、彼岸期間が他より１日増えて８日となっている。
2）天文16年の２月は大の月で、晦日は２月30日となる。
3）慶長15年の春分は２月29日であるから彼岸は翌々日の閏２月２日から８日までの７日間となる。ところがこれを刻した板碑には「閏」字が省記されている。(後述)

陽暦の日付が現行暦と多少異なるのは、寛政暦以前の中気の決め方が冬至を起点に１年を12等分する、いわゆる常気を採用しているからで、これによると春分は現行よりも2、3日遅い３月23日～25日になり、秋分は反対に９月21日～23日と現行よりも早くなる。

た「二月時正」「八月時正日」の場合は、各々二月の時正、八月の時正日に板碑を造立供養したことを示すだけで、時正および時正日が果たして二月何日、八月何日かは不明であるが、次に掲げる史料は時正の前の紀年銘に年月だけでなく日次まで記している。つまり、各年の時正が二月および八月の何日に相当するかを具体的に示しているのである。

①　永仁（一二九八）六年戊戌八月十一日時正(23)
　　（千葉県佐原市大戸川、浄土寺板碑銘）
②　嘉元（一三〇六）四季二月三日時正(24)
　　（埼玉県入間郡毛呂山町、葛貫板碑銘）
③　永和（一三七九）五年己未二月廿三日時正(25)
　　（徳島県麻植郡川島町桑島、川島城跡板碑銘）
④　永徳（一三八三）三季（ママ）癸亥八月十九日歳時正(26)
　　（高知県香美郡香北町朴ノ木、高照寺仏像銘）
⑤　天文（一五四七）十六年丁未二月晦時正日(27)
　　（鹿児島県指宿市西方久保、庵ノ上板碑銘）
⑥　慶長（一六一〇）十五年庚戌二月二日時正(28)
　　（奈良市西新屋町、小塔院板碑銘）

①の事例は永仁六年八月十一日が時正に相当することを示し

ており、②以下も同様であるが、これらの紀年が時正・時正日とどのように対応しているかを吟味するために作成したのが表1である。最初に紀年銘を掲げ[29]、続けて各年次の春分・秋分を関連資料によって示し[30]、その下に太陽暦（グレゴリオ暦）への換算と彼岸期間を記している。

旧暦における彼岸は既述のごとく春分・秋分の二日後から始まっているから、その中日をとって紀年銘の時正と照合すると、前述の通説に従えばこれらは当然一致すべきであるが、案に相違して六例とも皆違っており、もちろん春分や秋分の日とも合致しない。これは言うまでもなく、旧暦における時正が春・秋の彼岸中日を指すとした先学の学説と相容れないばかりか、時正が春分や秋分とも異なることを告知するものであろう。『坂戸市史』は前述のごとく時正を彼岸初日と説明しているが、右の事例で見る限り、これに合致するのは①②④の三例だけであり、こうした理解の仕方も普遍性を欠くものと言わねばならない。時正が果たして何を意味するかは、その語義的説明や現行暦から導き出された先入観を払拭し、過去の歴史事実の中に解答を求める以外に手立てはないのである。

（二）「時正中」「時正第一日」「時正中日」

前述の「時正」「時正日」に代えて「時正中」「時正第一日」「時正中日」などと記したものも結構遺存している。内容の検討に入る前に事例を掲げると、次のようになる。

① 永仁（一二九四）貳（ママ）八（ママ）月時正中[31]（埼玉県羽生市今泉、根岸家板碑銘）
② 元亨二年（一三二二）壬戌二月時正一日[32]（埼玉県羽生市上川俣、早川家板碑銘）
③ 嘉暦（一三二九）第四（ママ）己巳八月時正中[33]（徳島県名西郡石井町、内谷板碑銘）
④ 文和四年（一三五五）乙未八月時正中日[34]（千葉県佐原市香取、香取家板碑銘）
⑤ 永徳三年（一三八三）□亥八月時正第一日[35]（山口県下関市阿内、小野板碑銘）

⑥ 天正（一五七四）（ママ）甲戌二月時正中日[36]（埼玉県比企郡吉見町古名、秋庭家板碑銘）

川勝政太郎博士は、時正のことを「時正日」「時正中日」とも表記すると言われ、右の事例にあるような時正中日は時正と同義に解されていることはすでに紹介したが[37]、しかし、時正が博士の指摘されるように仮に彼岸中日を指すとしても、「時正中日」の表記は屋上に屋を架した表現であり、如何に旧暦時代のこととはいえ、この表記自体に疑問を抱かねばならない。また、一歩譲ってこれは看過したとしても、「時正第一日」「時正一日」とある事例をどう説明するかが問題である。「時正」と「時正中日」を同一視する発想からは、到底「時正第一日」や「時正一日」の合理的説明は得られないであろう。さらに、「時正中日」と同様「時正中」の表現にも注意せねばならない。「時正中」は「彼岸中」と同じくある一定の期間を示しているから、時正を彼岸中のある特定日を指すとする先学の指摘とは相容れない表現なのである。

右の吟味結果は、「時正中日」「時正中」あるいは「時正第一日」「時正一日」にしても、時正そのものの定義を彼岸中の特定日（中日）とする先学の研究からは、到底その合理的説明を導き出すことができないということであり、この点は前節の結論とも一致している。したがって次の作業は、時正に対する従来の学説を糺すと共に、旧暦時代の時正が果たして何を意味するか、さらに踏み込んだ学問的究明が必要となってくる。時正は確かに字義通りに解すれば昼夜半分の意となり、新暦（太陽暦）では春分・秋分の日がまさにこれに相当する。そしてこの春分・秋分を中日に年二回の彼岸が設定されていることも事実であるが、これはあくまでも明治六年（一八七三）以降に採用された太陽暦の場合であって、問題はそれ以前の旧暦時代の事柄に属している。「時正」の解釈が新旧暦によって様相を異にしていることは、これまでの検討ですでに明らかとなったが、さらに踏み込んで右の疑問に直接応えるべく論述を進めると、次のような史料の存在が注目される。

①建長五年（一二五三）癸丑二月時正己中日巳（ママ）[38]（東京都台東区上野公園、東京芸術大学仏像銘）
②文永五年（一二六八）戊辰二月四日時正初日[39]（愛媛県越智郡玉川町桂、宝蔵寺仏像銘）
③貞和四（一三四八）戊（ママ）子年八月廿六日時正中日[40]（岡山市浜田町、報恩寺旧在板碑銘）
④文明十七年（一四八五）乙巳八月時正九日[41]（熊本県荒尾市宮内出目、浄業寺五輪塔銘）
⑤天文四年（一五三五）二月時正十四日[42]（奈良県桜井市山田東田区、東田薬師堂仏像銘）
⑥天正二年（一五七四）甲戌二月時正念九日[43]（大分県宇佐市南宇佐町、大楽寺六地蔵幢銘）

これまでの事例は「八月時正中」「二月時正中日」「八月時正第一日」のように、月次だけで日次を欠いているために各々の時正相当日を確定できないという制約をもっていたが、右に掲げた各史料は年次・月次に続けて日次を明記し、さらにその日が時正中日あるいは時正初日に相当するなどのより詳細な事情を知らせている。①の場合は「二月時正己中日巳」とあって、月次後の日次を欠落しているように見えるが、末尾の「己巳」がこれを補足しており、当時の編暦によると二月二十一日の干支が己巳である。

ところで、①の事例によると建長五年二月二十一日がちょうど時正中日に相当することになるが、建長五年の春分をこれまでと同様『日本暦日原典』等によって調べると、二月十六日となる。（陽暦のグレゴリオ暦に換算すると一二五三年三月二十三日）旧暦の彼岸は春分の二日後すなわち二月十八日より始まっているから、二月二十一日は彼岸入りしてから四日目、つまり彼岸中日に相当する。③の場合も貞和四年の秋分は八月二十一日（陽暦換算一三四八年九月二十二日）であり、彼岸は二日後の八月二十三日から二十九日までの七日間とすると、紀年銘にある八月二十六日は①と同様彼岸の中日に相当するから、①③とも春と秋の彼岸中日を「時正中日」と表記していることが知れるのである。「時正中日」は彼岸中日と同義なりという指摘は、すでに紹介したように先学の所論であり、ここで取り立てて言うほどのことでもないが、肝要なことは「時正」をどう解するかであって、先学の場合は「時正中日」はもちろん、「時正」そのものも彼岸中日を指すと主張しているところに問題が存するのである。

この点の論議を進めるために②の事例を見ると、これには「文永五年戊辰二月四日」と記した下に「時正初日」と表記している。文永五年二月四日が時正初日に当たることをこの史料は告げているから、これに関係した春分や彼岸入りなどを調べると、文永五年の春分は二月二日（陽暦換算一二六八年三月二十三日）であり、紀年銘にある二月四日は彼岸入り日に相当することが知れる。彼岸入りした第一日目を「時正初日」と表記し、ここでは時正を彼岸と同義に使用しているのである。時正が彼岸と同様ある特定の日を意味しないとなると、既述の「時正中」や「時正第一日」「時正中日」なども理解が容易である。時正中は彼岸中と同義で、彼岸七日間のある出来事を漠然と表現した言葉であり、時正第一日は彼岸第一日目、時正中日は彼岸入りして四日目の中日を指すと考えられるからである。

このことをさらに検証するために掲げたのが④⑤⑥の事例である。④の文明十七年の場合は八月五日（陽暦換算一四八五年九月二十二日）が秋分であるから、紀年銘の八月九日は彼岸第三日目に当たる。②や③の表記形式に倣えば「八月九日時正」と記すべきところを、日次と時正を入れ換えて「八月時正九日」と表現したのである。⑤の天文四年の場合も春分は二月十二日（陽暦換算一五三五年三月二十五日）であり、紀年銘の二月十四日は彼岸初日に相当する。また⑥の天正二年の場合は、二月二十二日（陽暦換算一五七四年三月二十五日）が春分で紀年銘の二月念九日は彼岸六日目に当たるなど、紀年銘の年月日に時正と明記しても、その各々の日次は彼岸中の特定日を指してはいないのである。つまり、旧暦における時正はこの熟語の語義や先学の主張とも違って、彼岸中日や春・秋分の日を指すことはなく、彼岸の入りから明けまでの各日について「時正第一日」「時正中日」などと、その表現の仕方は「彼岸」と全く同義に使用されているのである。「彼岸第一日」を「時正第一日」あるいは「時正初日」、「彼岸中日」を「時正中日」とも表記するわけで、このことをつぶさに立証するのが高知県香美郡香北町朴ノ木の高照寺にある木造地蔵菩薩立像の厨子階段枠板に記された墨書銘で、これの表と裏には次の刻銘が見られる[44]。

（表）右為志者先考先妣出離生死頓證菩提乃至法界平等利益
永徳三季癸亥八月十九日歳時正　佛作大仲臣道兼敬白
（裏）永徳三癸亥八月十九日彼岸初日
絵師　沙弥浄照敬白
同　秋山八郎朝資敬白

表の「永徳三季癸亥八月十九日歳時正」に対し、裏にも「永徳三癸亥八月十九日彼岸初日」と記している。永徳三年の秋分は八月十七日（陽暦換算一三八三年九月二十二日）であるから、彼岸の入りは二日後の八月十九日であり、この日を表には「時正」、裏には「彼岸初日」と記しているのである。彼岸中にある同一の日付を二様に表現した貴重な事例と言わねばならない。

（三）「時正第二」「時正第一番」

紀年に続けて「時正第一」「時正第一番」「時正第七番」などと記したものも見受けられる。既述のように「八月時正九日」は八月九日時正のことであり、「時正第一日」や「時正中日」は各々時正（彼岸）に入って第一日目、第四日目（中日）を指すことは知れたが、右の「時正第二」「時正第一番」はどのように解すべきであろうか。内容の検討に入る前に遺例を掲げると、次のようになる。

① 建治元年（一二七五）乙亥八月廿七日乙丑時正第二[46]（茨城県土浦市宍塚、般若寺鐘銘）
② 建治弐年（一二七六）丙子二月時正初番[46]（福島県大沼郡会津高田町法幢寺南甲、法幢寺仏像銘）
③ 弘安亖年（一二八一）八月時正第六[47]（埼玉県東松山市岩殿、正法寺板碑銘）

④　永仁三年（一二九五）乙未二月時正第一[48]（埼玉県加須市平永、常泉院本堂前板碑銘）
⑤　嘉元四年（一三〇六）丙午八月時正第七番[49]（埼玉県坂戸市横沼、横沼薬師堂板碑銘）
⑥　正和三歳（一三一四）甲寅八月八日時正第二[50]（埼玉県入間郡日高町原宿、路傍板碑銘）
⑦　嘉暦四季（一三二九）己巳貳月時正第四[51]（埼玉県羽生市本川俣、千手院板碑銘）
⑧　正慶元年（一三三二）大歳壬申八月時正第一番[52]（埼玉県深谷市中瀬、石川家板碑銘）
⑨　康永三年（一三四四）八月時正第一[53]（埼玉県比企郡川島町戸守、超福寺板碑銘）
⑩　応安七年（一三七四）大才甲寅二月時正第一[54]（埼玉県川越市下老袋岡通り、下老袋公民館板碑銘）

「時正第一」「時正第二」の表記について、服部清道博士は「二月の春季彼岸の中日を時正第一として、八月秋季彼岸の中日を時正第二としたものではあるまいか」と言われ[55]、多少の含みをもたせながらも各々を春と秋の彼岸中日に比定されているのに対し、石田茂作博士は「時正は彼岸中日のことで、時正第二は彼岸中日の翌日を指したもの」と説明されるなど[56]、先学の研究にも学説の相違が見られる。しかし、このような論議の無意味なことは右に掲げた③⑦の事例によって明らかである。発掘された事例が「時正第一」や「時正第二」にとどまる場合は先学の説明もそれなりに首肯されるが、「時正第四」「時正第六」の出現に至ってはもはや説得力を有しないからである。「時正第一」「時正第六」などの新たな解釈には前節での「時正」と同様、これまでとは発想を異にして臨まねばならない。

そこで、従来の学説を根本から見直すためにまず右に掲げた関係事例の検討から始めると、①と⑥の紀年銘には幸いにも年次・月次に続けて日次が入っている。①の場合で言えば建治元年八月廿七日が時正第二に相当するわけで、これらを当時の編暦に即して吟味すると、建治元年八月二十七日の干支は確かに紀年銘にある通り「乙丑」であり、この年の秋分は八月二十四日（陽暦換算一二七五年九月二十二日）となっている。したがって、彼岸は二日後の八月二十六日からとなり、紀年銘にある八月二十七日は彼岸入りしてから二日目に相当する。仮に八月二十四日秋分を時正としたにしても翌日は八月二十七日にはならないから、先学の解釈には無理があると言えよう。また、⑥の正和三歳においても、この年の秋分は八月五日（陽暦換算一三一四年九月二十三日）であり、紀年銘の八月八日は彼岸入り後二日目に相当する。したがって、「時正第一」「時正第二」とある場合の数字は彼岸入りしてからの日数を示すわけで、「時正第一日」「時正第二日」と同じ意味になるのである。同様に③の「時正第六」は時正（彼岸）第六日目、⑦の「時正第四」は時正の第四日目すなわち時正中日を示し、彼岸中でも第四日目の中日を「時正第四」「時正中日」などと普通の表記方法を用いている。このことは彼岸中日が彼岸中の他の日に比べ、何か特別な意味をもつとする仏教思想など(57)を考慮した場合、はなはだ興味ある事実と言わねばならない。

さらに、「時正初番」や「時正第一番」についても、⑤に「時正第七番」とあることから推論すると、「時正第一」と同様時正（彼岸）に入って何日目かを表記したものと解される。「時正第一番」と類似した表現に「彼岸第一番」があり、これは彼岸入りした第一日目を称しているから(58)、「時正初番」「時正第一番」の場合もこれらと同様「時正第一日」と解して大過はないのである。遺例に沿って具体的に言えば、⑤の坂戸市横沼薬師堂板碑の場合は嘉元四年八月七日（陽暦換算一三〇六年九月二十三日）が秋分であり、二日後の九日から彼岸入りとなるから「時正第七番」は彼岸明けの八月十五日に相当する。この嘉元四年八月十五日を「嘉元四年丙午八月時正第七番」と別な表記をしているのである。

「時正第一」「時正第一番」の事例で目をひくのは、春分や秋分が二月、八月の下旬にきて時正が翌三月や九月に及ぶ場合、実際の月日を記さずに上述の表記方法を用いている点である。具体的に言えば、②の福島県高田町法幢寺の仏像は、建治二年の二月時正初番、すなわちこの年二月の時正（彼岸）第一日目に造立安置されたことを知らせているが、この日を当時の編暦によって示すと建治二年三月二日となる。つまり、建治二年の春分は二月二十九日（陽暦換算一二七六年三月二十三日）であるから彼岸の入りは二日後の三月二日であり、実際の編暦ではすでに三月に入っているのに紀年銘には「二月時正初番」と記しているのである。また、④の埼玉県加須市常泉院本堂前にある板碑の場合も、永仁三年の春分は二月二十九日（陽暦換算一二九五年三月二十二日）であるから、時正は翌閏二月一日より七日までとなり、紀年銘の「二月時正第一」は実際は閏二月一日に相当する。つまり、②④の双方とも暦の上ではすでに三月や閏二月に入っているのに紀年銘にはその日を記さず、「二月時正初番」「二月時正第一」と表記しているところにユニークさが存するのである。

それは言うまでもなく、旧暦の場合春分は二月中、秋分は八月中と称して共に二月、八月にくることを鉄則としており、これに付随する時正（彼岸）もその多くは二月と八月に催されるからである。換言すれば、「二月時正」「八月時正」は彼岸行事が社会的に普及定着した結果であって、まず「二月時正」「八月時正」とした上で、この後に「第一」「初番」「一日」「第一日」「中日」などと入れ、その日が時正の何日目に相当するかを表すのである。かかる表現方法は前節の④⑤⑥の事例にも見られたところで、例えば文明十七年八月九日時正とあるのを、日次と時正を入れ換えて「文明十七年八月時正九日」と表記したりすることも、考え方としては右の表現方法と軌を一にしたものと言えよう。ただし、「二月時正第二」「八月時正第一番」などの表記方法は鎌倉時代中期頃から割合多く見られるが、「八月時正九日」の方はいずれも室町時代後期以降の出現であり、手元の資料では僅かに四例しか存しない。

特殊事例の検討

（一）略記紀年銘の解釈

時正に関わる表現上の諸問題やそれに伴う意味などを整理した上で、再び関係事例の検討に入ると、これまでは意味不明であったり誤刻として処理されてきたものが、それなりに史料的価値を有したり、長年読み慣れてきた紀年銘が実は間違いであるなどの具体的な成果も見られる。次に掲げる二例は紀年銘の年月日を略記した特殊なケースであるが、これに類した事例は幅広く探索すればもっと増えるに違いない。

① 正平廿二八時正[59]（和歌山県伊都郡高野町、高野山三十町石付近五輪塔銘）

② 応永二四八時正[60]（奈良県吉野郡野迫川村北股、清久寺宝篋印塔銘）

①の紀年銘は「正平廿二年八月時正」と「正平廿年二月八日時正」の二通りの解釈が可能である。どちらが正しいかは当時の編暦に当たってみるほかはないが、後者の正平二十年（一三六五）の場合はこの年の春分が二月二十二日（陽暦換算一三六五年三月二十三日）であることから「二月八日時正」は成立し難く、したがって、前者の「正平廿二年八月時正」を正しいものと見なさねばならない。②については地元の編纂になる『奈良県史』に「応永二年四月八日時正」と解説しているが、時正は三月や九月に及ぶことはあっても四月にくることはない。これは「応永二十四年八月時正」を略記したもので、五輪塔や宝篋印塔などの基礎部分にこうした省略表記をすることがあるので、解釈には注意を要する。

（二）紀年銘の誤読

また、次に掲げるように紀年銘に年月日と時正を併記しながら、暦学への配慮を欠いたために紀年銘を誤って報告した事例も存する。

① 永仁六年《(一二九八)》戊戌八月二日時正[61]（千葉県佐原市大戸川、浄土寺板碑銘）

② 嘉暦《(一三二九)》第四《(ママ)》己巳三月二十日時正中日[62]（岩手県西磐井郡平泉町、毛越寺板碑銘）

③ 正平十二年《(一三五七)》八月晦日時正[63]（奈良県吉野郡西吉野村黒淵、常覚寺五輪塔銘）

④ 永和五年《(一三七九)》己未二月廿三日時正[64]（徳島県麻植郡川島町桑島、川島城跡板碑銘）

⑤　慶長十五年（一六一〇）庚戌二月二日時正(65)（奈良市西新屋町、小塔院墓地板碑銘）

①の浄土寺板碑は手拓してもこの紀年銘にしか判読できないように思われるが、よく注意すると日次の数字が「二」ではなく「十一」であることが知れる(66)。それもそのはず、永仁六年の場合は秋分が八月九日（陽暦換算一二九八年九月二十三日）であるから彼岸の入りは二日後の十一日であり、「八月十一日時正」が当時の行用暦とも一致するのである。同じことは④の川島城跡板碑の紀年銘にも見られる。この板碑の紀年銘として報ぜられている永和五年の春分は二月二十七日（陽暦換算一三七九年三月二十四日）であるから、春の彼岸は二月二十九日以降となり、銘文の「二月廿三日時正」とは符合しない。「永和五年二月」までを正しいとすれば、この年の二月は小の月であるから「廿九日時正」しか考えられないが、板碑自体は表面向かって左側の紀年銘部分が磨滅しており、手拓を繰り返しても文字は出てこない状態である(67)。

②の嘉暦四年毛越寺板碑の場合は「三月二十日時正中日」とあって、一瞥しただけで誤刻か誤読であることは明らかである。嘉暦四年の春分は二月十五日（陽暦換算一三二九年三月二十四日）であるから、二月十七日が彼岸の入りで明けは二月二十三日となり、時正中日は二月二十日である。したがって、この板碑の紀年銘は「嘉暦第四己巳二月二十日時正中日」とすべきで、年次に干支を付したり、紀年の年月日に「時正中日」と注記するなどの点を考慮すると、造立時の誤刻よりは後世にこれを調査した際誤って報じたものと推測される。また、③の常覚寺五輪塔においても、正平十二年の秋分は八月三十日（晦日）（陽暦換算一三五七年九月二十二日）となるから、彼岸の入りは九月二日以降となり、「八月晦日時正」と報ぜられた紀年銘が果たして原文と一致するかどうかの確認が必要となってくる。現地調査の結果は「正平十二年八月時正」とあるだけで、「晦日」の文字は原文に無いことが判明したのである(68)。

⑤の小塔院名号板碑の場合は、時正（彼岸）が春分・秋分の二日後となるから、「二月二日時正」が間違いないとすると慶長十五年の春分は正月末日にくることになる。こうしたことは旧暦の場合あり得ず、したがって右に掲げた

紀年銘は当然吟味されねばならない。慶長十五年の春分は二月二十九日（陽暦換算一六一〇年三月二十四日）であり、彼岸は翌閏二月二日より始まっているから、実際は「慶長十五年庚戌閏二月二日時正」が正しい。造立時に「閏」字を欠落したか、あるいは調査の際にこれを見落としたかのいずれかが考えられるが、現地調査では紀年銘をはっきり確認することが可能であり、小塔院名号板碑の場合は最初から閏字を省記しているのである(69)。右の他「貞治六年十一月時正(70)」（徳島県名西郡石井町高川原市楽、石川神社板碑銘）「慶長六年三月時正(71)」（和歌山県那賀郡粉河町、粉河寺板碑銘）などのように、当初報ぜられた紀年銘がその後の調査で、前者は「貞治六年八月時正(72)」、後者は「慶長六年二月時正(73)」と訂正された例も多く見られる。

（二）誤刻の紀年銘

すでに明らかなように、旧暦における時正（彼岸）は春分・秋分の二日後から始まっているから、春分や秋分が二月、八月の末近くにくると時正が三月や九月に及ぶことが出てくる。したがって、実際には「三月時正」「九月時正」もあり得るわけで、現に「弘安四年三月三日彼岸」と記した事例なども発見されている(74)。ただ、こうした例はきわめて少なく、地元での報告書にこの類の記述があったにしても、大抵は前述のごとく誤読や誤植であったりすることが多い。つまり現地調査によって原文を確認すれば間違いを正すことができるが、その現地調査においてさえ報告書を訂正できず、しかも紀年銘が造立時の編暦と一致しないという事例も存する。これは造立時に紀年銘を間違えて刻んだものと考えるほかはなく、誤刻の例として次の史料を掲げることにする。

　応永卅二年（一四二五）九月時正(75)（埼玉県入間市上藤沢、石田家墓地板碑銘）

応永三十二年の秋分は八月三日（陽暦換算一四二五年九月二十三日）であるから、時正（彼岸）は八月五日～十一日までの七日間となり、この年秋の時正が銘文にあるごとく九月に及ぶことはない。したがって、この紀年銘は誤読か誤刻と見なさねばならないが、現地で実物を調査したところ、この紀年銘を含む銘文全体が破損磨滅しておらず、板碑自体も室町時代中頃の特徴を具備している(76)。つまり、実物の紀年銘は刊本等のそれと一致しているわけであるから、これは造立当初の刻銘であり、最初から誤って刻んだものと判断せざるを得ないのである。ちなみに、応永年間で時正が九月に及ぶのは応永四年、同七年、同十年、同十五年、同十八年、同二十三年、同二十六年、同二十九年、同三十四年の九回を数える。紀年銘にある「九月時正」を確かなものとすると右のどれかと間違えて刻んだとしか考えようがないが、「応永卅二年」が動かし得ない以上他に比定することはできない。

むすび

紀年銘に続けて「時正」や「彼岸」を記す事例を種々検討の結果、旧暦における時正は春と秋の彼岸中日はもちろん、彼岸中の特定の日をも指さないことが判明した。このことはすでに「時正中」「時正中日」「時正初日」などと記した事例の存することからして、当然予想された結果ではあるが、諸種の史料によって時間と空間を考慮しながら実証し得たことはそれなりの成果と言えよう。これまでの時正に対する考え方は、この熟語の語義や現行太陽暦による知識を無反省に過去の歴史事実にまで敷衍したものであって、過去を単に現在の平面的延長と解しているわけであるから、歴史的意識を欠如した非歴史的解釈と評さねばならない。

旧暦時代の「時正」は彼岸七日間に対して、「時正初日」「時正第二」「時正第七番」などと表記していることはすでに縷述したところで、ここでは時正が「彼岸」と全く同じ意味に使用されているのである。換言すれば、彼岸七日間の第四日目、すなわち彼岸中日に対しても「時正第四」「時正中日」などと普通の表記をしており、彼岸中でも中日は特別な意義があるとする『観無量寿経』の「日想観」は(77)、少なくとも紀年銘の表記からは確認し得ないのである。この点はわが国における浄土信仰の展開を考える上で興味ある事実と言わねばならない。

また、時正が彼岸と同義に使用されていることから、両者の表記形式や内容上の異同が吟味されねばならないが、時正＝彼岸、時正中＝彼岸中、時正初日＝彼岸初日、時正第六＝彼岸第六、時正七番＝彼岸七番、時正中日＝彼岸中日などと、双方の熟語は全く対応しており、両者の間に意味上の相違はもちろん、時代的・地域的な差異も認められない。したがって、紀年銘を書記する場合、このどちらの語を選ぶかは本人の恣意的な選択に任されていたと言えよう。例えば室町時代の禅僧季弘大叔の日記『蔗軒日録』には「（文明十六年八月）廿六日・晴、時正日始于此日、俗所謂彼岸初日也」とあって(78)、当時の人々の彼岸や時正に対する考え方が如実に示されている。ただ表現形式の上で異なる点と言えば、時正の場合は「文明十七年巳乙八月時正九日(79)」のような表記も可能であるのに対し、彼岸においては「八月九日彼岸」と記しても「八月彼岸九日」とする例は存しない。彼岸の場合は「二月彼岸第三日」「八月彼岸第七番」と言うように、彼岸入りしてからの日数を示すにとどまっており(80)、その点では時正よりも表現形式の上で多様性を欠くと言わねばならないが、室町時代以降になると「二月時正」「八月時正中」や「二月彼岸」「八月彼岸日」などと、日次を省略した事例が頻出し(81)、表現形式上の制約は大して意味を有さなくなっている。

なお、前稿(82)で彼岸と没日の関係について言及したように、本稿でも時正と没日の関係について触れるべきであるが、これを検証する適宜な史料が見当らないため他日を期すことにした。事情をお汲み取りの上ご理解を賜りたい。

【註】

（1）播磨定男編著『中国地方の板碑』（山陽新聞社、昭和六十二年）六〇頁、三一三頁。
（2）新村出編『広辞苑』（岩波書店、昭和三十年）九六九頁。
（3）『日本歴史大辞典』（河出書房新社、昭和五十年）一六九頁。
（4）内田正男編著『日本暦日原典』（雄山閣、昭和五十年）四九五頁。
（5）川勝政太郎著『日本石造美術辞典』（東京堂出版、昭和五十三年）三四三頁。

（6）埼玉県立歴史資料館編『板碑―埼玉県板石塔婆調査報告書』Ⅱ（名著出版、昭和五十六年）七四九頁。筆者の現地調査による。この紀年銘については本文で後述。
（7）多田隈豊秋著『九州の石塔』下（西日本文化協会、昭和五十三年）三六五頁。
（8）内田正男著『暦と時の事典』（雄山閣、昭和六十一年）一二一頁。
（9）拙稿「徳山市貝篭五輪塔の紀年銘」（『徳山大学論叢』第二七号、昭和六十二年六月）および「旧暦時代の彼岸」（同、第三七号、平成四年六月）。前稿では「弘安四年二月二日彼岸」と刻された貝篭五輪塔の紀年銘を『勘仲記』などの日記によってその真偽を吟味すると共に、旧暦時代の彼岸が現行とは異なることを具体的に指摘した。また後稿は『国史大辞典』の発刊を受けて、前稿の結論が時間や空間を超えて妥当することを全国に遺存する二一例の金石文史料により立証した。
（10）同書、八五四頁。
（11）前掲拙稿「徳山市貝篭五輪塔の紀年銘」。
（12）国史大辞典編集委員会編『国史大辞典』第一一巻（吉川弘文館、平成二年九月）八五四頁。
（13）前掲『日本石造美術辞典』三四三頁。
（14）同右、八一頁。
（15）前掲拙著『中国地方の板碑』二一一頁。
（16）前掲『板碑―埼玉県板石塔婆調査報告書』Ⅲ、三三六頁。
（17）前掲拙著『中国地方の板碑』三三三頁。
（18）石田茂作「紀年銘の記載形式について」（『考古学雑誌』第二〇巻第七号、昭和五年七月）
（19）服部清道著『板碑概説』（角川書店、昭和八年、同四十七年復刻）五八二頁。
（20）前掲『日本石造美術辞典』三四三頁。
（21）坂戸市教育委員会編『坂戸市史』中世史料編Ⅱ（昭和五十五年）三五五頁。
（22）庚申懇話会編『日本石仏事典』（雄山閣、昭和五十年）三四六頁、中村康隆「彼岸会と花祭り」（講座『日本の民族宗教』二所収）なども同様の考えを示している。
（23）この板碑の紀年銘については、千葉県編『千葉県史料』金石文篇二（昭和五十三年）および清水長明著『下総板碑』（庚申懇話会、昭和五十九年）など管見に触れた既刊の研究書は、すべて「永仁六年戊戌八月二日時正」として紹介しているが、筆者の現地調査では「永仁六年戊戌八月十一日時正」と判断した。永仁六年の秋分は表1に示すごとく八月九日であり、したがって、彼岸の入りは十一日となるから時正との関係からしてもこの方が正しい。詳細は本文で後述。

(24) 前掲『板碑―埼玉県板石塔婆調査報告書』Ⅱ、八九六頁。筆者の現地調査による。

(25) 徳島県教育委員会編『石造文化財』（徳島県文化財基礎調査報告第一集）（昭和五十二年）付録の「阿波板碑年表」および地元「川島町史」などによる。永和五年の春分は二月二十七日であるから「永和五年己未二月廿三日時正」は誤刻か誤読と考えられるが、現在ではちょうど紀年銘の部分が磨滅しており、確認のための調査も不可能である。本文で後述。

(26) 久野健編『造像銘記集成』（東京堂出版、昭和六十年）四五一頁。

(27) 築地健吉著『鹿児島板碑概説―鹿児島県文化財調査報告書第一八集』（昭和四十六年）一一四頁、前掲『九州の石塔』下、三八九頁。筆者の現地調査による。

(28) 『奈良県史』七、石造美術（名著出版、昭和五十九年）一一四頁。筆者の現地調査による。

(29) 干支は省記する。

(30) 旧暦における春分・秋分の日次は前掲『日本暦日原典』および湯浅吉美編『日本暦日便覧』上（汲古書院、昭和六十三年）による。以下同様。

(31) 前掲『板碑―埼玉県板石塔婆調査報告書』Ⅲ、五三三頁。

(32) 同右Ⅲ、五三一頁。

(33) 前掲『石造文化財』（徳島県文化財基礎調査報告第一集）一八頁。筆者の現地調査による。

(34) 前掲『千葉県史料』金石文篇二、八八頁。

(35) 内田　伸著『山口県の金石文』（マツノ書店、平成二年）一一一頁。筆者の現地調査による。

(36) 前掲『板碑―埼玉県板石塔婆調査報告書』Ⅲ、二二四頁。

(37) 註（5）参照。

(38) 前掲『造像銘記集成』二二一頁。

(39) 同右、二七〇頁。

(40) 逸見敏刀「報恩寺所在の板碑に就いて」(『吉備考古』第五号、昭和五年)。前掲拙著『中国地方の板碑』六九頁。
(41) 前掲『九州の石塔』上、三五三頁。
(42) 前掲『造像銘記集成』五三二頁。
(43) 望月友善著『大分の石造美術』(木耳社、昭和五十年)一三六頁。筆者の現地調査による。
(44) 前掲『造像銘記集成』四五一頁。
(45) 坪井良平著『日本の梵鐘』(角川書店、昭和五十三年)三一一頁。
(46) 前掲『造像銘記集成』二八九頁。
(47) 前掲『板碑―埼玉県板石塔婆調査報告書』Ⅲ、四八頁。
(48) 同右Ⅲ、五五八頁。
(49) 同右Ⅱ、八一四頁。
(50) 同右Ⅱ、九四一頁。筆者の現地調査による。
(51) 鈴木道也著『板碑の美』(西北出版、昭和五十二年)六七頁、一五五頁。
(52) 前掲『板碑―埼玉県板石塔婆調査報告書』Ⅲ、四二二頁。
(53) 同右Ⅲ、二〇二頁。
(54) 同右Ⅱ、五五七頁。
(55) 前掲『板碑概説』五八二頁。
(56) 前掲「紀年銘の記載形式に就いて」。
(57) 『観無量寿経』の「日想観」によると、落日を拝し浄土を観念することを説き、一年の中でも春分と秋分には太陽が正東より出て正西に沈むので、この両日が日想観を行うのに適した時であるとしている。中村元他編『仏教辞典』(岩波書店、平成元年)六二四頁。
(58) 例えば埼玉県大里郡岡部町榛沢の新井家墓地には「文保二年戊午二月十五日彼岸第一番」と刻した双式板碑があり、吟味の結果文保二年二月十五日は春の彼岸第一日目に当たる。前掲註(9)の拙稿「旧暦時代の彼岸」に詳述。
(59) 巽三郎他編著『紀伊国金石文集成』(真陽社、昭和四十九年)四九頁。
(60) 前掲『奈良県史』七、石造美術、五二六頁。

(61) 篠崎四郎著『日本金石文の研究』(柏書房、昭和五十五年)一三九頁、前掲『千葉県史料』金石文篇二、一八頁、同『下総板碑』三四頁などによる。
(62) 司東真雄著『岩手の歴史論集』Ⅱ(昭和五十四年)五二五頁。
(63) 前掲『奈良県史』七、石造美術、五二四頁。
(64) 前掲『石造文化財』七八頁。なお、この紀年銘について地元『川島町史』には「永和五己未二月廿三日時正」とあり、末尾の「板碑表」備考では銘文が磨滅し判読できないため他の記録による旨記している(同書四七九頁)。また、沖野舜二著『阿波板碑の研究』(小宮山書店、昭和三十二年)は同地方の板碑文化を総合的に捉えた初期の業績であるが、これには「永和五己未三月廿二日□□」と紹介している(同書五四頁)。
(65) 前掲『奈良県史』七、石造美術、一一四頁。
(66) 筆者の現地調査による。
(67) 同右。
(68) 同右。
(69) 後述のように旧暦においては「二月時正」「八月時正」が一般的であったために、編暦上は「閏二月二日時正」であっても、あえて閏字を付さないで「二月二日時正」と表記したものと考えられる。
(70) 前掲『阿波板碑の研究』五二頁。
(71) 前掲『紀伊国金石文集成』二七四頁。
(72) 前掲『石造文化財』七六頁。
(73) 庚申懇話会編『石仏の旅』西日本編(雄山閣、昭和五十一年)四七頁。
(74) 昭和六十年に山口県徳山市夜市貝篭から発見された弘安四年銘の五輪塔を指す。前掲註(9)の拙稿に詳述。
(75) 前掲『板碑―埼玉県板石塔婆調査報告書』Ⅱ、七四九頁。筆者の現地調査による。
(76) この板碑は頂部山形と横二条の切り込み、その下に狭い額を設け、塔身部には一条の枠線が入っている。正面上方のキリーク・サ・サクの阿弥陀三尊種子は円相で囲み、各々連座上に安置し、その下に標記紀年銘とこれを挟むように「孝蜜禅尼/逆修」の文字、さらにその外側には光明真言が左右各二行ずつ刻している。身部上方には横に亀裂が入っているが銘文の判読には支障がない。高さ(地上)

六五・〇、横幅上部二三・〇、同下部二五・〇、厚さ二一・八（糎）、緑色片岩製。

（77）註（12）（13）に同じ。

（78）東大史料編纂所編『庶軒日録』（岩波書店、昭和二十八年）二八頁。

（79）熊本県荒尾市宮内出目の浄業寺にある五輪塔銘。註（41）参照。

（80）前掲註（9）の拙稿「旧暦時代の彼岸」参照。

（81）日次を省略した事例は、すでに鎌倉時代の中期頃から見られるが、室町時代以降になるとこれがより頻出してくる。

（82）前掲註（9）の拙稿「旧暦時代の彼岸」。

Ⅶ　歴史と科学

一　岡山県の板碑

はじめに―研究の現状と問題点―

周知のように岡山県は全国的に見ても有数の石造文化密集地域である。われわれはその概要を永山卯三郎、巌津政右衛門等の先学によって知らされているが、石造塔婆の一種である板碑に関しては、五輪塔や宝篋印塔に比べると意外にも報告された事例が少ない。例えば永山氏の大著『岡山県金石史』正・続（昭和五年・同二十九年刊）に収められた板碑は上房郡有漢町土井の嘉元四年（一三〇六）銘をはじめ六基だけである(1)。しかもこのうち岡山市報恩寺の貞和四年（一三四八）銘と吉備郡真備町下二万矢形の応永二十年（一四一三）銘、さらに岡山市（一宮地区）清水前谷の無銘碑二基は戦時中に紛失行方不明となっており、今日実物を確認できるのは前記土井の嘉元四年銘と浅口郡里庄町霊山寺の無銘碑の僅か二基だけである。

このように岡山県に板碑が少ないのは、永山氏が板碑の概念を関東地方や四国徳島県に分布する緑色片岩製の青石塔婆を中心に構成設定したことと深い関わりをもっている。つまり、板石状の頂部を山形に削り、その下に横二条の切り込みを有するものをこの塔婆の基本形と見なしているのである(2)。しかし、永山氏によって岡山県板碑の初見とされた土井の嘉元四年銘は石質が花崗岩の遺品であり、緑色片岩製は現在行方不明となっている報恩寺板碑と矢形板碑の二基だけである。したがって石質は必ずしも緑色片岩とせずに、前述の形式的条件を充たし造立趣旨が供養塔であればこれを板碑の範疇に含めることとなるが、岡山県の場合は上房郡有漢町大石の嘉元三年（一三〇五）銘や川上郡成羽町下原の元亨四年（一三二四）銘、赤磐郡山陽町中島の暦応三年（一三四〇）銘等、花崗岩製で形態的には頂部の山形と二段の切り込みの他に突出した額を有し、何よりも正面横幅に対し奥行きのある部厚い方柱状をした遺品があり、これらと前述の花崗岩板碑との比較、形式分類上の判断が要請されてくる。

永山氏は青石塔婆形式＝板碑とする観点から、有漢町大石の嘉元三年銘以下の遺品を「方柱碑」「方柱塔」と称し、板碑の範疇から除外した。現存遺品の具備する諸条件を考慮しながら塔形上の判断をくだすことは学者としての見識であるが、板碑や方柱碑（塔）の概念規定が未だ判然としないこと、その上各遺品の調査諸特徴の把握に見落としがあるなど不十分さは否めない。ことに方柱碑なる名称はこれらの造立目的や塔婆としての本質を閑却した無意味なもので早晩訂正されるべきであったが、それがようやく実現したのは川勝政太郎博士が昭和三十二年に有漢町大石の遺品を「立石三尊卒都婆」として紹介してからのように思う(3)。

もちろんこうした背景には、戦後におけるわが国石造塔婆研究の急速な進展があることは言うまでもない。全国各地から発掘紹介される遺例報告によって、板碑は必ずしも関東地方の青石塔婆に見られるような形式上の二大特徴を具備するとは限らず、石材や地方文化との関係で様々の形式と内容を有する、きわめて地方色を帯びた遺物であることが理解されるようになった。岡山県においてはかつて永山氏が方柱碑（塔）に分類した地元花崗岩製遺品の中から、昭和三十六年には前の有漢町大石の嘉元三年銘が板碑として国の重要文化財に指定されるに至ったのである。したがって、岡山県の板碑は頭部山形・横二条線を有する青石塔婆形式のものと、部厚い方柱状をした花崗岩製の二種類があることになり、永山氏の業績において提起された疑問は右の時点で一応解消したことになるが、果たしてそうであろうか。

岡山県内の主要な石造物をまとめられた巌津政右衛門氏の『岡山の石造美術』は昭和四十八年に刊行されている。これには現存の板碑三基と方柱碑二基、供養塔一基が同じ項目の中に収められ、もちろんこの板碑三基中には、有漢町大石の遺品が新知の岡山市長野の永和四年（一三七八）銘と共に記載されている。しかし、既知の遺品では有漢町大石のものが板碑の仲間に入っただけで、方柱碑・供養塔など従前と同様の名称と分類がそのまま踏襲されているのは如何であろうか。有漢町大石の遺品が板碑に認定され国指定になった後だけに、これ以外の類品に対しても形式と内容の両面から学問的吟味がなされるべきであったが、管見では以後もこの目的は達せられていないように思われる。

ところで、板碑研究は言うまでもなく単に遺品の発掘や紹介にとどまらない。板碑が歴史の遺品・実物史料として、その時代的・地域的分布や形式・内容面からの歴史的社会的性格等が広く学問的に検討されねばならない。永山氏も各遺品を紹介した中で、岡山市浜田町の報恩寺板碑について触れ、これは石質が緑色片岩であることから岡山県固有のものではなく、おそらくは四国阿波地方よりの伝来品であろうと言われたが、これ以上の進展は見られなかった(4)。

昭和五十二年に発表された是光吉基氏の「吉備の板碑」は該題に対する唯一のまとまった業績と言ってよいのではないか(5)。ここに引用された板碑八基はすべて先学によって紹介された既知のものであり、各遺品についても現存しているか否か判然としない点はあるが、頭部山形・横二条の切り込みの有無、額の突出等の形態面の吟味に加え、主尊表示・造立主体等の内容面にわたっても総合的考察が試みられている。ことに、これまであまり顧みられなかった岡山県板碑と九州型との類似性、石大工との関係から畿内との関連性を説かれているのは、言うまでもなく有漢町大石の嘉元三年銘の花崗岩製遺品を対象としてのものであり、この遺品が研究の進展と共に板碑の仲間に入れられ、しかも岡山県板碑の筆頭に位置するに至ったことの当然の帰結ではあっても、長い間膠着状態にあった岡山県の板碑研究に一石を投じたものとして評価してよい。ただし、氏自身が後註で言われたごとく、この地方に多在する方柱碑と板碑との関係についてはここでもまた不問のまま見送られており、永山氏によって説かれた岡山県板碑の一方の系統論にしても先学の業績を紹介するにとどまっている。

かくして岡山県の板碑研究は、永山氏が関東地方の青石塔姿形式を中心に遺品の整理収録した学問的遺産に類品を発掘追加することによって進歩させると共に、一方では青石塔婆形式以外のものをもこの範疇に含めるという、板碑の概念そのものを拡大解釈することによって新たな発展を遂げようとしている。ただこの後者の場合理論的配慮を欠くと、板碑とは一体何なのか、この塔婆の形式内容上の特徴が不明瞭になる。また、前者の新事例の発掘にしても果たして十分であろうか。現存事例の不足が研究の隘路となっていることを考えるとこの点の解決こそ急務であろう。最近、岡山県の南西部吉備郡真備町に次に紹介するごとく永仁五年（一二九七）銘一基と延文五年（一三六〇）銘二基の計三基もの板碑が存することを知り、早速調査を実施した(6)。この永仁五年銘は言うまでもなく前の有漢町大石のものより八年ほど造立年次が古く、県下では最古の遺品である。そればかりかこれら三基はいずれも薄い板状をした緑色片岩製であり、地元産の部厚い重厚感をもった花崗岩製板碑とは好対照をなしている。かつて永山氏によって提唱された岡山県板碑の系統論が今これら新事例の登場を契機に再論されることは必定、これまでは事例の少なさから他の石造物の陰に追いやられていた板碑に次第に学問的照射が及んでもこよう。本稿ではまずこの新遺品を紹介し、続けてこれまでに述べた岡山県板碑の問題点について考察を行ってみたいと思う。大方のご教示を賜われば幸甚である。

真備町所在の青石板碑

岡山県の南西部に位置する吉備郡真備町は、高梁川に沿う小さな町である。ここの町立公民館に保管されている三基の板碑は、緑色片岩（青石）製の板石を頭部山形に削りその下に横二条の切り込みをほどこした、いわゆる青石塔婆形式の本格的遺品である。大正年間に同町下二万の矢形、井上荘一氏所有の地蔵鼻の竹藪から発見されたが(7)、昭和四十二年頃所有者から公民館の方へ寄贈され、現在はここの史料室に陳列されている。

下二万矢形といえばここからは応永二十年（一四一三）銘の板碑がもう一基出土している。実物はすでに昭和二十年の岡山空襲で失われたが、幸い永山氏の著書に図と説明が載っているのでこれによって判断すると、応永二十年銘も前と同様頭部圭角・横二条線をもった緑色片岩製の板碑であったことが知れる(8)。ただしこの方は頭部右肩が大きく欠け、しかも塔身下方に刻された光明遍照の偈頌等が次に紹介する現存の三基とは異なるので、両者は別物であると判断してよい。そうすると真備町下二万の矢形からは同じ石質で同系統の板碑がこれまでに四基出土し、その中の一基応永二十年銘だけは永山氏の著書に収録されたが、残りの三基は最近まで学問的照射が及ばぬまま長い年月を経過したことになる。永山氏が四基中一基しか収録しなかったこと(9)、また、その後の調査でも見落されるなど確かに腑に落ちない点はあるが、現地に行きよく実見すれば、こうした疑念も何ら遺品自体の価値を損なうものでないことが理解されよう。私見を述べる前にまずこれらの紹介をしたい。

永仁5年銘板碑

永仁五年銘板碑

全高六五センチ、上幅二〇・五センチ、下幅二一センチ、厚さ二センチ

頂部を低い山形に削り、その下に横二条の切り込みを正面のみに刻す。二条線は側面まで及んでおらず、頂部尖端までは七・二センチある。二条線の下には額を設けず、塔身の正面中央に梵字種子バク（釈迦）を蓮座上に薬研彫し、この下に紀年銘「永仁五年十一月日」（一二九七年）を刻む。蓮座は蓮のま

延文5年銘板碑（Ⅰ）

わりだけを彫っている。軟質の石材を使用しているため表面にノミ跡が残っており、拓本では鮮明に現れる。頂部および両側面は所々欠けており、根部も向かって左下が大きく欠失しているが右側の様子から剣型であったと考えられる。

延文五年銘板碑（Ⅰ）

全高七七センチ、上幅二三・五センチ、下幅二五・五センチ、厚さ二センチ

頂部の右肩と根部の左下が大きく欠失しているが、頂部の山形とその下の横二条の切り込みは判然としている。ただし二条線の彫りは浅くて線刻に近く、両側面まで及んでいる。頂部尖端までは九センチあり三基中最も高い山形をしている。二条線下にはさらに一本の横線が見えるがこれは塔身を枠取りするためのものであろう。縦線の方はほとんど残っていない。整形化された表面の中央上部に梵字種子キリーク（弥陀）を蓮座上に陰刻している。種子も蓮座も彫法は薬研彫である。蓮座下に紀年銘「延文五年四月五日」（一三六〇年）を刻み、これの左右両側に花瓶を一対彫り込んでいるのが特徴的である。花瓶は頸は細いが胴が大きく丸味のある腰下には脚がついている。腰と頸には帯線が一条横にめぐらされているのが確認される。花瓶の口先には蓮華が三本の茎を出し、その先端には花か蕾を表しているが線描のため不鮮明である。根部は剣型に、裏面は荒削りのままである。

延文五年銘板碑（Ⅱ）

全高五五センチ、上幅二二センチ、下幅二四センチ、厚さ一・九センチ

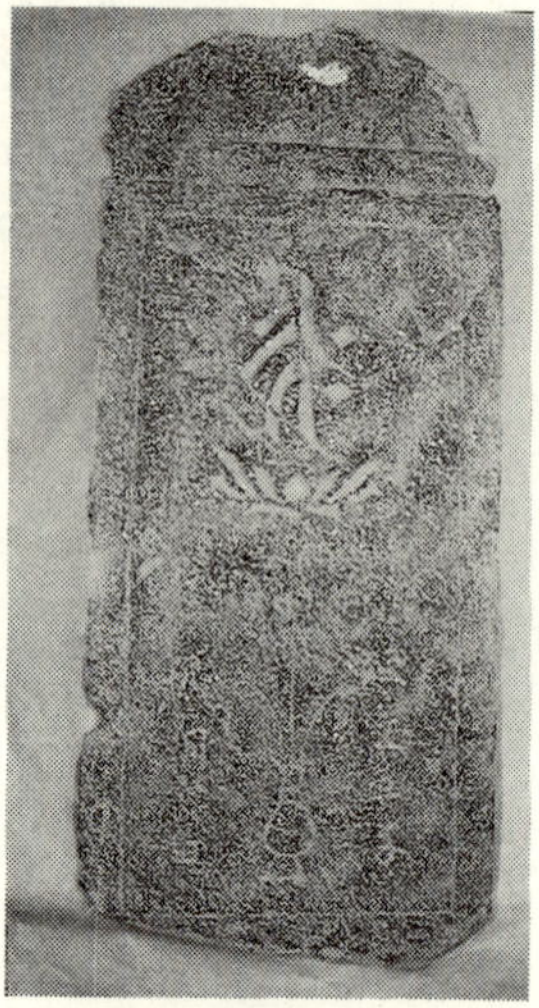
延文5年銘板碑（Ⅱ）

前の板碑と同年に造立されているが別物である。頭部は緩い山形に削り、その下に横二条線を正面だけでなく両側面まで入れる。頂部尖端より二条線までは七・五センチある。二条線下には額を設けず、すぐその下から一本の線で塔身全体を枠取りしている。厚肉に彫り込んだ蓮座上の梵字種子キリーク（弥陀）もこの枠内にあり、種子の下方中央には前と同様の三茎蓮華文様の花瓶が一口線描され、茎の先端に開蓮を表している様子が前の一対よりも判然としている。紀年銘はこの花瓶の左右両脇に「延文五年」（一三六〇年）、「四月　日」と二行にわたって刻している。下部は枠取りから一～三センチのところでやや平らに切られており、裏面も大体滑らかに削られている。

以上、真備町公民館保存の板碑三基について紹介したが、その最大の特徴は共に緑色片岩から造られ、しかも頭部山形・横二条の切り込みを有するという板碑としては最も整美化された遺品である点に存する。つまり、これらは石質、形式、内容のどれをとっても、これまで板碑が最も多く発掘されている関東地方の埼玉・東京・群馬の都県や四国徳島県の遺品と見間違えるほどの近似性・一体性をもっており、われわれの有する板碑の概念が主にこれら多発掘地の遺例を基にして構成されている事実からすれば、右の三基は板碑として申し分のない典型的な遺品であると言って差し支えない。

もちろん、これまでにも真備町板碑と同類の本格的遺品が県内に存しなかったわけではない。前述のごとく岡山市浜田町報恩寺の貞和四年（一三四八）銘と同じ真備町下二万出土の応永二十年（一四一三）銘の両基は、共に実物は現存しないが青石塔婆形式の緑色片岩製板碑として広く学界に紹介されているから、これに今回の三基を加えると岡山県の青石塔婆（板碑）はこれまでに五基存在したことになる。報恩寺の貞和四年銘は高さ一七六センチ、上幅三六センチ、下幅四二センチ、厚さ五・五～七センチの青石塔婆としては大部な遺品で、二条線下の塔身正面には梵字種子キリーク（弥陀）と「南無阿弥陀仏」の六字名号を蓮座上に刻しており、真備町矢形の応永二十年銘は高さ六一センチ、幅二〇センチで、形式・規模とも前述の公民館保存のものと一致しているばかりか、蓮座の彫法、梵字種子キリークの書体まで酷似している(10)。これは一三世紀末に瀬戸内側の県南部に成立した特色ある石造文化が、その後における鎌倉幕府の滅亡、南北朝の動乱を経過しても中断することなく継続したことの証左であろう。ただし、岡山県の青石板碑は後述の花崗岩製のものに比べたら基数も少なく、地域的分布の広がりももたない。吉備郡真備町のような特定箇所に集中して造立されており、かかる特色はこの文化の性格を如実に示しているように思われる。

かつて永山氏は、県内に遺存する石造物の多くが地元産出の花崗岩製であることから、青石板碑は他からの伝来品であることを示唆された。氏が四国徳島県をその原産地に比定されたのは、この地方が関東に次ぐ青石塔婆の遺存地であり、岡山県とは比較的近距離にあることなどを考慮した結果であろう(11)。ところが、いま新たに発見された真備町の板碑から推理すると、これらは近くの徳島県からではなく、岡山県とははるかに遠い関東地方から直接もたらされた可能性が出てくる。そうした判断の根拠は、真備町板碑の延文五年銘両基に刻された花瓶と、これらの三基中二基までが紀年銘に日付を欠いていること、以上の二点である。

花瓶は塔身主要部に顕刻された仏像や種子に花を供えるためのものであるが、これがあれば荘重さをさらに増すところから花瓶を装飾意匠として表刻した遺品もかなり見られる。真備町の場合は紀年銘を挾んで一対と梵字種子のある中央部下方に一口が各々彫り込まれている。彫り込まれていると言っても細い線描であり、彫法は両基とも同じである。頸が細く胴体が丸くふくらんだ花瓶には三茎の蓮華が左右バランスよく端正に生けられており、その先端には開花の模様が現れ出ている。この特色ある文様意匠の本拠を他所に求めるとしたらそれはどこであろうか。他に類例を求めるよりも同一県内にある、例えば岡山市上高田の鼓神社宝塔（貞和二年銘・一三四六年）の基礎に刻された三茎蓮華文様なども当然考慮しなければならないが、これら関西地方に広く分布するいわゆる近江式装飾文様と真備町板碑のそれとは全く異質であり(12)、近在に類例を発見することができない。これに対し関東地方、中でも埼玉県では供花の花瓶蓮華を彫刻した板碑が初発期の鎌倉中期頃からすでに造られており(13)、この文様は鎌倉後期から南北朝期にかけて周辺の東京都や群馬・神奈川県にも波及して、一つの文化圏を形成するにまで至っている。花瓶を刻した真備町の板碑が造られた延文年間（一三六〇年）は、関東の青石板碑がまさに最盛期を迎える時期で(14)、大量の板碑が製作造立される一方ではこれに装飾的意匠を加えて荘重化した製品も盛んに造られた。これらがその隆盛化に伴って従来の地理的な枠を越え流布伝播して行った可能性は十分考えられる。いまその具体的な様相を徳島県の板碑によって示してみよう。

四国徳島県の板碑が関東の影響下に成立している事実から推理すると、この地方にも三茎蓮華文様の花瓶を表刻した遺品の存することが予想される。そこで現存遺品を個別に確認していくと、関東の青石板碑に見られるのと同じような重厚感には乏しいが繊細な趣の花瓶を刻した遺品が、有銘板碑二〇〇基のうちこれのちょうど一割に相当する二〇基を数える(15)。これを時代別に見ると、鎌倉時代のものは名西郡石井町桜間神社の元亨二年（一三二二）銘一基だけであるが、南北朝期に入ると一一基と急激に増え全体の半数強がこの六〇年間に集中している(16)。つまり徳島県の場合は、花瓶を配した板碑が登場するのは鎌倉時代でも末期になってからであり、これの本格的展開は次の南北朝期に入ってからである。延文五年（一三六〇）一基、貞治五年（一三六六）一基、同七年（一三六八）一基というように、岡山県真備町の板碑が造立されたと同じ延文年間から次第にその頻度を増してくるのである。実際に、関東板碑に現れた装飾意匠が地方に伝播受容されていく過程は、これ以前の板碑初発期の状況に比べたら容易でしかも急速であったと考えられる。徳島県の場合は如上の事例から、この文化的波動が及ぶのは関東において板碑が盛んに造られた南北朝期であることを確認したが、こうした結果を招来したのも両地域の板碑が同一の石材・形式をもっているかからに他ならない。私は全国にある青石板碑を片っ端から調査したわけではないが、岡山県真備町のように限られて分布するものでも青石塔婆形式のものは関東の文化的影響を鋭敏に受けやすかったと考えている。

ただしこのことは、真備町の板碑が関東からの伝来品であるとか、その直接的影響のもとに成立したということを必ずしも保証してはいない。前述のごとく徳島県の板碑もまた関東の青石板碑を祖型としており、関東よりはこの地方がはるかに岡山県に近いという地理的条件を備えている。かつて永山氏が岡山市報恩寺の貞和四年（一三四八）銘を捉えて「阿波地方よりの伝来品ならんか」と言われたのも決して無理な発言ではない(17)。ところが、真備町所在の永仁五年（一二九七）銘が発掘されて造立年次が五〇年もさかのぼることが明らかとなった現在でも、果たして従来のままの考え方で良いだろうか。徳島県地方の板碑と長年にわたって取り組まれている沖野舜二氏の研究によると(18)、この地方の板碑の有銘最古品は名西郡石井町下浦の文永七年（一二七〇）銘であり、岡山県よりも三〇年ほど早くから板碑の造立が始まっているが、これ以後は弘安元年（一二七八）、同八年（一二八五）、正応二年（一二八九）と永仁五年までには四基しか造られていない。これに無銘の徳島市方上町神光寺弥陀三尊板碑を加えたにしても、一三世紀末までに造立された板碑は僅かに五基しか存しないのである。つまり、真備町の永仁五年銘以前の徳島板碑はまさに初発期の段階であり、その一部が他に流出するといった事態を想定することはまず困難であろう。前述の岡山市報恩寺の板碑が造られた南北朝期にまで下ると、徳島県の板碑も有銘品だけで五〇基ほどに増える。したがって、この時点で彼地よりの伝来を考慮することは当然であっても、関東の新文化が導入されてまだ間もなく、しかも国内の周辺地域にさえその影響が見られない段階では、よほどの歴史的な事情でも存しない限りそのような突発的事態は起こり得ないであろう。

さらに、真備町の板碑三基のうち紀年銘に数字がきちんと入っているのは一基だけで、他の二基は日付を欠いていいる点にも注意しなければならない。つまり「永仁五年十一月日」「延文五年四月　日」と、年と月の前には数字が入っているが日の前には数字を彫っていない。このような現象は板碑の造立がかなり進んでからのものであり(19)、一般化するのは最盛期に至ってからである。したがってこの点からも真備町の板碑が徳島県から伝来した可能性はきわめて薄く、その源流は青石塔婆形式の本拠地である関東に求められよう。私は仮にこれらが他所から搬入されずに現存地で製作造立されたにしても、その機縁となったのは関東文化との直接的な接触であり、このような歴史的事実の究明こそ急務であると考えている。

花崗岩製板碑

岡山県内には、これまでに述べた緑色片岩製のものとは違い地元県内産の花崗岩で造られた板碑が六基存する。そのほか方柱碑・方柱塔と称され形態的には右の板碑に準ずるものが四基明らかにされている。次の表にはこれらの各遺品を掲げているが、後者の中には明らかに他と異なるものが二基含まれているのでこれは予め除外することにした(20)。

①　嘉元三年（一三〇五）上房郡有漢町垣字大石　保月山高雲寺跡
②　同　四年（一三〇六）上房郡有漢町土井字正尺
③　元亨四年（一三二四）川上郡成羽町下原　龍泉寺
④　暦応三年（一三四〇）赤磐郡山陽町中島　千光寺
⑤　永和四年（一三七八）岡山市（一宮地区）長野廃寺跡
⑥　無　銘　岡山市（一宮地区）清水前谷
⑦　同　同
⑧　同　浅口郡里庄町里見　霊山寺

①の有漢町大石の保月山板碑は、これまでにもしばしば触れたごとく岡山県を代表する整美化された堂々たる石造物であるが、これの帰属すべき塔形上に問題があり、昭和三十年代になってようやく板碑の仲間入りをしている。ただ、一度方柱碑とされたものが後になってこれとは異なる塔形に分類されることには問題があろう。方柱碑・方柱塔は関東の青石塔婆から抽出された板碑の概念規定に不適合の遺品に対して便宜的に与えられる名称ではないからである。これらは板碑とは異なる独自の塔形と造立内容をもった石造塔婆形態であって、対象となる遺品がこの範疇に含められるべきかどうかは厳密に検討されねばならないが、当初においては方柱碑・方柱塔の概念規定そのものに曖昧さがあり、また対象とする遺品の調査も完全でなかったことが如上の学問的混乱を招いた原因であろう[21]。この遺品が最初に方柱碑に分類されたのは、塔頂部が正面・側面から見ると、中央やや後方を頂点として左右前後に切り下ろす方錐状をしていること、またその下に深い二段の切り込みを有し塔身が部厚い方柱状をしているなど、前の真備町の遺品はむろんのこと同じ花崗岩製でも③④を除いた②以下のものとは多少形態を異にしている点にある。しかしこれをよく精査すると、頭部横二条の切り込みは正面のみであり、その下の額もこの二条の切り込みのある部分にしか構築されていない。つまりこれは、石田茂作博士が方柱碑の遺例として示された明治・大正期の墓標と形式・内容共に異なっているばかりではなく、頂部方錐形の下に横二条の彫り込みと額を四周にわたって有する方柱塔とも異質である[22]。また塔身は高さが地上だけでも三一三センチあるため、中腹部の横幅が四二センチに対し厚さを二六・五センチとっていても、三体の尊像や銘は正面のみに刻され他の面には及んでいない。

保月山の嘉元3年銘板碑

以上の①と形式・内容共に近似しているのが③の龍泉寺元亨

千光寺の暦応3年銘板碑

龍泉寺の元亨4年銘板碑

四年銘と④の千光寺暦応三年銘の二基である。前者は高さ一五九センチ、正面横幅二三センチ、厚さは頭部で二一・八センチ、下部一六・五センチと下方がやや細くなっているものの全体としては方柱状をしている。頭頂部は磨滅のためか現在は緩やかな丸味をしており、その下には横に細長い二つの穴を彫ってはいるがこの部分に横二条の切り込みがあったことを証する跡も残っている。額は二センチほど突出させて広くとり、左右には①と同様二個の月輪形を浮彫している。塔身上部には阿弥陀立像と梵字種子を二つ顕刻して弥陀三尊を表し、その下に刻銘をしている。また、後者の千光寺の遺品は塔身中央部で二つに折れてはいるが、高さは二〇五センチあり、横幅二七・五センチ、厚さ二六センチと方柱状をしている。頂部は方錐形に削り、その下の横二条の切り込みは正面と両側面に深く及んでいる。しかし③のように額は無く、塔身上方から釈迦三尊の梵字種子を薬研彫し、刻銘はその下にある。

①③④の三基は頂部の形態、横二条の切り込み、額の有無等の点で多少の相違はあるが、共に方柱状をしていながら利用しているのは正面のみで、左右両側面および裏面は全く考慮されていないという共通した特徴をもっている。殊に④は横二条線の切り込みを両側面まで施しながらこれ以上手を加えようとした形跡が見当らない。また、内容表現の仕方にしても主尊や銘文が決して正面以外には顕刻されない等の諸点を勘案すると、上の三基は前述の真備町の青石板碑と同様、正面のみを主要観面とした一親面塔婆として造

立されたものであり、両者における外見上の相違は各々の本質とは別な主にそれは石質に起因していると思われる。事実硬質性の花崗岩は切り出しの時点で方柱形をしており、これを用いて平面的な板碑を造立しようとしても軟質の緑色片岩のように薄くはできない。したがって、①③④における塔身の方柱状はこれらが花崗岩製であることから生じた現象であって、周知のように近畿・九州・東北地方においても花崗岩製をはじめ安山岩・凝灰岩製の板碑に同様の特徴を捜し出すことはそう困難ではない。ただ真備町の青石板碑との関連性について言えば、保月山板碑が八年ほど遅れて出現してはいるものの両者は後述のごとく互いに系統を異にしているために、相互に直接の影響を及ぼし合うことはなかったと思われる。

次に、②の有漢町土井の嘉元四年銘以下⑤⑥⑦⑧の五基は、同じ花崗岩製でも塔身の厚さが横幅の半分以下で横広がりの板状化した遺品であり、前のものよりは全体的に小形化している。まず②の土井板碑は、頭部を山形にしてその下に横二条線を刻し、さらに狭い一・五センチほどの突出した額を彫出しているが、横二条線、額共に正面のみである。高さは九八センチ、正面横幅は上が二七センチ、下が二九センチ、厚さは額部下で一二センチ、下部で一五センチ、尖頭部の高さは一〇センチである。額部下の塔身主要部に二尊の立像を半肉彫し、刻銘はこの下三行にわたっている。⑤の長野板碑は頂部を山形に削り、その下に横二条の切り込みと突出した額部を造り出す仕方は②と同様である。下部は欠損しているが現存の高さは八〇センチ、横幅は二二センチ、厚さは上部で一五センチ、下部で一一センチである。塔身主要部を舟形に彫りくぼめこの中に阿弥陀如来の坐像を半肉彫し、下方に紀年銘を刻している(23)。⑧は高さが九一センチ、幅三〇センチで無銘である以外は分かっていない(24)。

⑥と⑦の岡山市清水前谷の二基は昭和十九年の時点で行方不明となっており現存しない。ただし、これについては『清水前谷史蹟調査報告』(昭和十二年)があり、永山氏の著書に抄録引用された図と説明によると(25)、一基は塔身正面に梵字種子バン(大日如来)を刻し、もう一基は舟形の彫りくぼみを造り、ここに仏坐像一体を半肉彫している。

土井の嘉元4年銘板碑

二基とも右以外に刻銘はないが右の報告書は鎌倉期頃の造立と推定している。梵字板碑の方は頭部を山形に削り、その下に横二条線と額を設けている。高さは一二一・五センチ、正面横幅は二四センチ、厚さは一二センチであり(26)、額は一センチほど突出している。もう一基の像容板碑もこれと同じく頭部山形、横二条線、額を有し、高さは一〇二センチ、正面横幅は二五・五センチ、厚さは一二センチである。

以上紹介した五基の遺品は、主尊表示に像容や梵字種子があり、紀年銘も有銘無銘等内容表現の上では各々特色をもっているが、形態的には頭部山形とその下の横二条線・額等を有し、板碑としての条件を完備している。横二条の彫り込みが浅いのは前の①③④のグループよりも塔身が板状化されているためであろう。これに対し額は狭くはなっているが依然一〜一・五センチほど突出させているのが注目される。額はすでに方柱状塔身をもった④の千光寺板碑においても省略されており、これを平面的に線刻するかあるいは仮にこれを欠いたとしても、塔婆としての本質には関わらない問題である。この部分が頭部の特殊形態と共に保持されていることは、その原型が前節で紹介した青石塔婆よりもむしろ同じ花崗岩製の方柱状板碑にあるとすべきであろう。②と土井板碑に顕刻された釈迦・弥陀二尊の彫出技法が①の保月山板碑のそれと近似していることを指摘されたのは川勝政太郎博士であるが(27)、もし同一人の手になるとしたら右の推理はなおさら確実なものとなる。私は両者が単に石質を同じくするというだけでなく、その基底になっている文化もまた同一のものであり、さらにその源流は青石板碑の関東とは違った所にあると考えている。

保月山嘉元三年銘板碑には周知のように、願主・結衆銘の後に「大工井野行恒」とこれを造った石大工の名前が彫られている。行恒（経）はここ保月山だけでも右の板碑のほか同三年銘の宝塔、同四年銘の六面石幢等の立派な作品を残しており、彼はもともと宋人伊行末の流れをひく畿内大和を本拠とした伊派石大工であるから[28]、岡山県の石造文化ことに花崗岩板碑においては畿内との結び付きを無視することができない。例えば、和歌山県伊都郡かつらぎ町の建治二年（一二七六）銘板碑や大阪府池田市西畑町の弘安八年（一二八五）銘板碑などは頭部山形と二段の切り込みの下に厚く突き出る額を設けるなど、保月山のものと同様花崗岩板碑としての重厚感をもった作品である[29]。畿内において成立した石造塔婆の形式が吉備地方に直接もたらされたのは、双方とも花崗岩を豊富に産出するという共通点をもっているからであろう[30]。中世における吉備の石工たちが石塔を造ろうとした時その手本となったのは、地元産石と同じ硬質石材を利用しすでに活動を開始していた畿内地方であったことは想像に難くない。大和の石大工がわざわざ招かれたのもそのためであって、彼らによって開拓された塔形や彫法等が吉備地方の石造文化にそのまま採用されることとなったのである。

畿内から超一流の技術者を招いて石塔の造立を決意したのは、柒（漆）真時や沙弥西信と称する人たちで、岡山県における花崗岩板碑の造立はまず彼ら地方豪族の住む備中の山間部から開始された。青石板碑が同じ備中でも瀬戸内海に近くしかも山陽道の通る南西部に導入されたのとは好対照をなしている。しかしその後の展開を見ると、後者の方は県南部の特定地域にしか造立されなかったのに対し、前者はやがて備中の山々を越えて県内各地に分布するに至っている。そして最盛期の南北朝時代には、岡山市周辺においてこれら系統を異にする二つの文化が併存することさえ見受けられるのである。

各板碑の内容表現

以上の分析から県内の板碑は形式的に二つの系統に分かれることが明らかとなった。便宜的に青石板碑・花崗岩板碑と称してきたが、もちろんこれは単なる石質だけの問題ではなく形態上の特徴も含んでのことである。例えば青石製のものでも方柱状塔身の上に頭部の特殊形態・突出した額等の形態を有するものがあれば当然花崗岩板碑の方に分類しなければならない。そうなると石質名を頭に付けた名称も不適当となるが、幸いこれに類するものが発見されていないので当分はこのままの名称でよいと思う。

既知・未知のものを吟味した結果、青石板碑には五基、花崗岩板碑には八基を分類できるが、このうち各二基は行方不明となっているから一三基中現存するのは九基となる。これは石造美術王国を誇る岡山県としてはまだ少ない件数であり、今後の調査によって新たに発掘される可能性を十分もっている。それは上の有銘遺品を造立年次別に整理してみると、南北朝が五基と最も多くこれに次いでいるのが鎌倉期の四基で、室町期のものは僅かに一基しか発見されていないことによっても理解されよう。形式的には退化しても鎌倉・南北朝期のものとは内容表現の上で異なった、例えば庶民信仰を具現したような室町期の遺品が今後新たに加わることを期待しながら、ここではとりあえず一三基の遺例を基礎として、これまで等閑してきた板碑の主尊標識・造立趣旨等について触れてみたい。

塔身の主要位置に表される主尊を見ると、仏像・梵字種子・名号があり、しかもこれらが組み合わされて刻されるなどその様相は単一ではない。成羽町龍泉寺の元亨四年銘は半肉彫の弥陀立像の下にサ（観音）とサク（勢至）の梵字種子を刻して弥陀三尊を表現しており、岡山市報恩寺の貞和四年銘も弥陀種子キリークの下に南無阿弥陀仏の名号を刻している。細部の違いはあるが全体的な特徴としては、青石板碑が主尊に梵字種子を顕刻しているのに対し、花崗岩板碑の方は八基中五基までが仏像を刻すという対照的な結果をもたらしている。中でも保月山板碑は釈迦・弥陀・地蔵の三仏坐像をそれぞれ二重円光式の彫りくぼみの中に半肉彫してあり、他の板碑も舟形の彫り込みを造るなど仏像を本尊とする場合は彫法に工夫をこらしていることが窺われる。花崗岩板碑に仏像を顕刻するのは部厚い立体形の塔身に起因するか、またはこの地方の特殊な事情によるのか、この点は定かでないが、ここに顕刻された尊像を観ると釈迦・弥陀・地蔵・大日と豊富である。ことに三尊を表した保月山板碑や釈迦・弥陀の二尊立像を横に並べた有漢町土井の板碑などは、美術的にもすぐれた作品である。

次に、これら主尊を内容面から整理すると、弥陀一尊種子を表した板碑は、真備町に延文五年銘二基と応永二十年銘一基の計三基が集中しており、これに弥陀坐像を刻した岡山市長野の永和四年銘を加えると弥陀一尊板碑は四基となる。また、弥陀三尊板碑は龍泉寺の一例だけであるが、弥陀を釈迦や地蔵、名号などと一緒に表刻した板碑もあり、これら直接・間接の遺品を合計すると全体の六七％を占める。時代的には板碑が最盛期を迎える鎌倉末期から南北朝期のものに阿弥陀種子・仏像を刻したものが多いだけに顕著な印象を与えている。これに続けて多いのが釈迦で、釈迦一尊種子を刻した真備町の永仁五年銘と釈迦三尊種子の千光寺板碑の二基があり、これに他仏と複合された保月山板碑や土井板碑なども加えると計四基となり、全体の三四％を占める。ともかくも岡山市清水前谷の大日如来関係二基を除く他の板碑には弥陀か釈迦が主尊として表されており、ここでも浄土教信仰と板碑の造立が深い関わりをもっていることを示している。

偈頌を一、二例示すると、真備町矢形の応永二十年銘は『観無量寿経』の「光明遍照、十方世界、念仏衆生、摂取不捨」を刻して阿弥陀如来の仏徳を讃えながら極楽往生を祈願しており、また保月山板碑の「心王念法、不可破壊」も偈であろうが出典は不明である。銘文の中で造立趣旨を明示しているのは有漢町土井の板碑で、「右志者、為父忌十三年也、見在長為母也」と、亡父の一三年忌と生存中の母の息災を祈願して造られており、千光寺板碑も「為僧覚有三十三季」と、死者の年忌供養のために造られたことを告げている。また、成羽町龍泉寺の板碑には「右志者為、二親得脱乃至、法界平等利益」とあり、年忌は記していないが故人となった両親の菩提を弔うためのものであることが知れる。以上の三例はいずれも鎌倉末期から南北朝初期にかけて造られた板碑であるが、これが造立される場合の直接的契機に故人の追善供養が存することは明瞭である。したがって造立の意味を何ら記さない、例えば真備町公民館所蔵の三基にしてもこれが造立された背後には前程と同様の事情が存したものと解されるが、ただ岡山市報恩寺板碑のように造立者が生前の善業によって後世の果報を祈願した逆修板碑も造られており、造立の本旨が果たしていずれに存するかは簡単には決められない。

ところで、こうした追善供養、逆修作善を目的として造られる板碑の造立者は一体誰か。これを明示したものは少なく、またたとえあったとしてもその人物を把握することは困難である。例えば、報恩寺板碑の「比丘尼浄西」、矢形板碑の「教善」にしても、彼らが板碑造立の当事者であることはよく分かるがその事歴については全く不明である。こうした中で保月山嘉元三年銘板碑が「願主柒真時、一結衆二十八人敬白、大工井野行恒」と実名を刻しているのは貴重である。願主の柒(漆)氏は大和から超一流の石工井野行恒を招請して仏教的作善を行うほどの人物であるから、社会的には上級の、おそらくこの地方に強い勢力をもった守護か地頭クラスの豪族であろう。この板碑には二八人もの在地民が「一結衆」として協力していることも注目される。後世の結衆は特定の信仰を通じて結ばれた信仰集団を意味する場合が多いが、ここの二八人は板碑造立のために費用や労力を提供し協力した人たちであろう。彼らによって招かれた井野行恒は、前述のごとく板碑と同所の保月山に宝塔一基と六面石幢一基を残し、さらにこの後成羽川の開鑿事業に石切大工としても活躍したことが、川上郡備中町所在の徳治二年(一三〇七)銘笠神の文字岩によって知れる。自らの仏教信仰を石塔の造立によって具現しようとした漆氏と、わざわざ備中まで赴きこの要請に応えんとした井野行恒の情熱が、この地方に特色ある石造文化をもたらし、さらに質的にも決して中央に劣らない高水準を形成せしめたのである。

むすび

一三世紀前半、鎌倉前期に関東地方を中心にして頭部山形・横二条線をもった青石塔婆文化が成立する。この時点をもって板碑の発生とするかは問題があるにしても、この頭部の特殊形態を具備した文化がどのような経路と歴史的事情のもとに他の地域に伝播普及していくかは興味のある課題である。ここ中国地方においては山口県と兵庫県にこの波動が一三世紀後半にはすでに至っていることを告げる遺品が一基ずつ発見されており、これに岡山県真備町の永仁五年銘が加わることによって、今後さらにその実態が明らかになるものと考える。

本稿では真備町の板碑三基を紹介しながら、これまでに発見されている花崗岩板碑についても考察を広げ、その分布・系統・造立内容等に言及を試みたつもりである。今後は新事例の追加はもちろんのこと、現存遺品に対しても造立の歴史的背景を解明することによって、さらに多くの事実を語らしめればと期待している。

現地調査の際は真備町教育委員会の岡本久氏、備中町教育委員会の芳賀弘裕氏に特にお世話をいただいた。末筆ではあるが記して感謝の意を表したい。

【註】

（1）有漢町土井の嘉元四年銘が板碑に分類されたのは『岡山県金石史』続編（昭和二十九年）からである。昭和五年刊行の正編では「石仏石塔」となっている。
（2）永山卯三郎著『岡山県金石史』続一三九頁。
（3）川勝政太郎著『日本石材工芸史』七五頁。
（4）永山氏前掲書一四一頁。
（5）是光吉基「吉備の板碑」（『月刊考古学ジャーナル』No.一三二、一九七七年）。
（6）この遺品は『真備町史』（昭和五十四年四月）や井上雄風著『拓本集覧吉備の石仏』（昭和五十五年十月）に収録されている。
（7）真備町教育委員会の岡本久氏の話によると、発掘されたのは戦時中ではないかといわれる。所有者の井上氏はその後東京に移住のためこの点の確認が得られない。ここでは井上雄風氏の記述に従って「大正年間」とした。
（8）永山氏前掲書三八〇頁。

(9) この遺品の発掘が大正年間であるか戦時中であるかの不確かさは存するが、永山氏の前掲書続編は昭和二十九年に公刊されているからこれに収録されなかったことは事実である。また収録された応永二十年銘を見ると、永山氏は所有者の井上敏茂氏の報告に基づいて記述しており、この辺にも遺漏の原因があるように思われる。
(10) 両基とも実物は現存しないので永山卯三郎著『岡山県金石史』正編一一二頁および同書続編三八〇頁に拠って記述する。
(11) 永山氏前掲書続編一四一頁。なお、服部清道氏も同様の見解を述べている。(服部清道著『板碑概説』一一六頁)
(12) 関西地方の三茎蓮華文様については川勝政太郎博士のすぐれた研究がある。(『日本石材工芸史』一九八～二二七頁)
(13) 埼玉県大里郡寄居町内の寛元元年(一二四三)銘大日堂曼荼羅板碑と康元二年(一二五七)銘不動寺阿弥陀種子板碑などは花瓶を刻した最古品であろう。
(14) 千々和実「板碑研究の課題」(『日本歴史』二九一号)。
(15) 沖野舜二著『阿波板碑の研究』三〇頁。
(16) 同右、巻末の年表篇による。
(17) 註(4)に同じ。
(18) 沖野舜二「四国阿波板碑考」(『月刊考古学ジャーナル』No.八六、一九七三)。
(19) 延文五年銘はともかくも永仁五年銘の方は確かに関東板碑の最盛期より五〇～六〇年さかのぼる。しかし、一三世紀の遺品でこれと同じく紀年銘に日付を欠くのは関東地方にしか遺存していない。これは関東地方が他に先んじて板碑の造立をみたことの証左であろう。
(20) この二基とは川上郡備中町所在の至徳四年(一三八七)銘および応永二年(一三九五)銘のことを指している。これについては別に起稿するつもりでいる。
(21) 永山氏が根拠としているのは石田茂作博士の業績である。博士は石造塔婆の各遺品を形式と内容の両面から細分し名称と説明を加えられたが、それは簡略であるため他の類似形態との区別に困難が伴う。永山氏が板碑とは別に方柱碑・方柱塔の名称を使用しながらも、これの積極的意義を主張し得なかったのはそのためであろう。方柱塔については拙稿「角柱塔の成立と展開」(『徳山大学論叢』第一六号)を参照されたい。
(22) 方柱塔の概念規定については前掲拙稿に詳述している。
(23) 巌津政右衛門著『岡山の石造美術』(岡山文庫五五)一二六頁による。

(24)　永山氏前掲書続編三八一頁による。
(25)　同右。
(26)　報告書の寸法をセンチメートルになおしてある。
(27)　川勝氏前掲書一八一頁。
(28)　同右一〇八頁。望月友善「中世の石大工」(『日本の石仏』第八号)。
(29)　川勝政太郎著『日本石造美術辞典』五五頁、一八四頁による。
(30)　岡山県の花崗岩切り出し場は山陽地方から瀬戸内海の島嶼にわたっているが、中でも北木島から切り出される「北木石」は有名である。(斉藤孝著『吉備の石塔』一二一頁)

二　岡山県真備町の青石板碑

岡山最古の紀年銘

吉備郡真備町公民館にある板碑三基は、同町社会教育主事岡本久氏の話によると、真備町下二万の竹藪から出土し、昭和四十二年に所有者の井上荘一氏が公民館へ寄贈されたそうである。

発見の経緯はともあれ、この遺品の塔身に刻された永仁五年(一二九七)の紀年銘は、これまで県下の最古品として学会に報告されている上房郡有漢町大石の嘉元三年（一三〇五）銘板碑よりも八年ほど造立年次がさかのぼること、さらには岡山県に現存する板碑の多くが、花崗《こう》岩製の部厚い重量感をもつのに対し、この方は三基とも関東や四国徳島県地方によく見られる薄い板状をした緑色片岩（青石ともいう）製の板碑であることなど、地元岡山県の中世石造文化の解明、ひいてはわが国石造塔婆の発生・展開を知る上にもきわめて重要な意味をもっている。

周知のように岡山県は全国的に見ても有数の石造文化密集地域である。われわれはその概要を永山卯三郎、巖津政右衛門等の先学によって知らされているが、石造塔婆の一種である板碑に関しては、五輪塔や宝篋《きょう》印塔などに比べると意外にも報告された事例が少ない。例えば永山氏の大著『岡山県金石史』正・続（昭和二十七年）に収められた板碑は、岡山市報恩寺の貞和四年（一三四八）銘をはじめ五基だけである。しかもこのうち浅口郡里庄町霊山寺の無銘碑を除いた他の四基は、戦時中に行方不明となり現存しないのである。

板碑の少ない理由

岡山県に板碑が少ないのは、永山氏が板碑の概念を関東や徳島県地方の青石塔婆形式を中心に構成設定したことも関係している。つまり、板石状の頂部を山形に削り、その下に横二条の切り込みを有するものを、この塔婆の基本形と思考しておられるのである。しかし岡山県の場合は、前述の有漢町大石の塔婆や川上郡成羽町下原の元亨四年（一三二四）塔婆など、その主たる遺品は頂部の山形と二段の切り込みの他に突出した額を有し、何よりも正面横幅に対し奥行きのある部厚い方柱状のものが多い。これら方柱碑と称され、板碑とは一線を画された遺品はもちろん単なる碑石の類ではない。塔身の主要位置に仏像を配していることからも尊崇礼拝を目的として造立された供養塔婆であって、最近の研究では、これら地方的特色をもった遺品をも板碑の範疇に含めて考えるようになってきている。

その点巖津氏の『岡山の石造美術』（昭和四十八年）は、前記所在不明のものを削除し、現存の板碑三基を紹介しているが、遺品として新たに追加されたのは岡山市長野の永和四年（一三七八）銘の一基だけであって、依然岡山県の板碑は報告事例が少ない上に、発生年次も一四世紀をさかのぼらないのである。

真備町公民館にある三基の板碑は、永仁五年（一二九七）銘が一基と延文五年（一三六〇）銘のものが二基である。いずれも高さが五五～七七センチ、横幅二〇～二五センチ、厚さ二センチの緑色片岩製の板石に、頭部山形、横二条の切り込みを施した、いわゆる青石塔婆形式の本格的遺品である。したがって前述の地元で産出される花崗岩製の板碑とは、形や大きさが異なるばかりでなく、塔身に刻された表現内容の上でも両者ははっきりとした違いを見せている。

例えば、有漢町大石以下の花崗岩製板碑には、二重円光式の彫りくぼみの中に仏坐像を半肉彫したり、銘文上方に半肉彫の二尊立像を刻すなど、主尊が立体形の仏像をもって彫顕されているところに大きな特徴がある。これに対し真備町の青石塔婆は、主尊がいずれも蓮花上に刻された梵《ぼん》字種子であり、これは主に石質との関係に拠《よ》ってはいるが好対照と言わねばならない。

おかしい四国伝来説

かつて永山氏は、岡山市報恩寺の青石塔婆について「岡山県固有の物とは言い難し」と記し、これは四国阿波地方よりの伝来品であることを示唆された。徳島県吉野川流域には青石塔婆が関東に次いで多く見られ、この地方が岡山県とは比較的近距離にあることなどを考慮しての発言である。

しかし、真備町の板碑も果たしてそうであろうか。私はこの遺品が有する塔身下部のちょうど紀年銘の両側に一対と、梵字種子の下方に線刻された花瓶《けびょう》に注目したい。花瓶は塔身上部に顕刻された主尊に花を供えるためのものである。問題はこれら仏具類を刻した板碑が徳島県地方にいつ頃から登場するかにあるが、南北朝期をさかのぼる遺品はいまだ発見されていないのである。

そうすると埼玉県寄居町不動寺の康元二年（一二五七）銘のように、板碑発生直後の一三世紀中ごろからすでに花瓶などの意匠をもった作品が出現する関東とのつながりを等閑できなくなってくる。事実、徳島県地方の板碑が関東の影響下に発生し、現存最古品が真備町の板碑と年次的に近い文永七年（一二七〇）であることを考えれば、両者の間に新文化の往来を想定することは無理のようである。

真備町板碑の伝来・系統を辿ることは、必然的にわが国における板碑のルーツを明らかにすることになる。私は板碑の関東一元発生説とは別な考えをもっているが、ともあれ板碑の典型と言われる頭部山形、横二条の切り込みをもつ初発期の遺品が、埼玉県を中心とした関東地方に集在していることは事実である。これら鎌倉幕府政権の成立を契機として関東に発生した特殊な文化が、いかにして日本の各地に拡散展開していくか。真備町の遺品はまさしくその具体的な証拠資料なのである。

ちなみに、これと同じ形式で永仁五年以前に造られた遺品を中国地方に求めるならば、山口と兵庫の二県に一基ずつ存するだけである。これらはおそらく関東から地方に赴任してきた守護や地頭によって造立されたものであろう。いわば関東新文化の地方に波及した初発期の遺品として希少価値を有すること。また地元においては板碑の最古品として、後世への影響面からその先行的役割を重視せねばならない。ただし、岡山県の場合は現存する実物を見た限りでは、この後に造られた有漢町や成羽町の遺品が地元産の花崗岩を使用して、他に類例を見ないような個性を発揮しており、いたずらに中央の文化を模倣するような作品は造られていない。

三　岡山県真備町青石板碑の石質分析

はじめに―問題の所在―

青石板碑とは関東地方や四国徳島県などに多く見られる、緑色片岩（green schist）を石材として使用し造立された板碑（板石塔婆）のことである。石材の緑色片岩は緑泥石を主成分とする結晶片岩で、これを用いた板碑は表面が濃い青緑色をしており、標題のごとく完全な青色ではないが、造立された板碑の銘文中に「青石卒都婆」云々と記したものもあるところから(1)、緑色片岩製の板碑を青石塔婆・青石板碑などと称しているのである。

緑色片岩の最大の特徴は、軟質でしかも剥離性に富む点にある。したがってこれを素材として使用した板碑は、安山岩や花崗岩製のそれに比べて塔身が極端に薄く、板石状となった遺品が多い。また青石板碑の多数に見られる頭頂部の山形と、その下にめぐらされた横二条の切り込みは他のものよりも一層鮮明で、これに雄渾な梵字種子、偈文、意匠、銘文なども加わり、板碑を単に歴史史料としてだけでなく、美術的にも価値あるものとして人々を魅了しているのである。

このような特色をもつ青石板碑が日本のどの地方に分布しているかというと、もちろんそれは石材となる緑色片岩の産出と深い関わりをもっている。日本で緑色片岩が産出される主な地域は、埼玉県秩父地方(2)と四国徳島県の吉野川流域(3)で、これらの地方はもちろん、その周辺においても青石板碑が大量に造立されていることは言うまでもない。中でも埼玉県の場合は、未整形のものを含めて今日二万基以上もの青石板碑が確認されており、全国にある板碑の約四割までがここに集在しているのである(4)。

さらに、これらの中には大里郡江南町須賀広にある嘉禄三年（一二二七）阿弥陀三尊像容板碑を筆頭に、頭頂部を山形に削りその下に横二条の切り込みをした、いわゆる青石塔婆形式の初発期遺品が五〇基余も含まれている(5)。埼玉県は日本における板碑の最密集地であるばかりでなく(6)、青石塔婆形式の板碑文化が発生した地域としても特異な位置を占めているのである。

ここで板碑文化と言わず、あえて青石塔婆形式の板碑文化と称するのは、板碑一般と頭部に特殊形をもった遺品とを区別して考えるためである。周知のように板碑そのものはすでに平安時代の中期に発生しているから(7)、上に掲げた埼玉県にある遺品をもって板碑の初例とするわけにはいかないが、須賀広の嘉禄三年銘には、それ以前の板碑には見られなかった頭頂部山形と、その下に横二条の切り込みを有するという、板碑形式上の新たな要素が付加されている(8)。つまり、平安時代の板碑は年次的に先行してはいても、形式的には未整形の自然石板碑であるのに対し、これが緑色片岩によって造立された須賀広の嘉禄三年銘に至って、初めて整美されたものとなるのである。

ところで、青石塔婆形式の板碑に見られる頭部の特殊形は、緑色片岩製に限らず、花崗岩や安山岩、凝灰岩などの石材を使用したものの中にも認められる。しかし、造立年代はすべて前述の埼玉県にあるものよりも年次的に遅れるから、一応これらは埼玉県に発生した青石板碑文化の影響を受けて成立したものと考えられ、その伝播波及の背後に政治的・宗教的要因を想定することもきわめて当然と言わねばならない。直接か間接かの違いはあるにしても、一三世紀初期後半に関東に発生した新文化は、鎌倉御家人である関東出身の守護や地頭たちによって地方にもたらされ(9)、彼らは赴任地において地元産の石材を使用して板碑を造立したと一般的には考えられているのである。ところが近年における発掘事例を見ると、緑色片岩製の板碑が埼玉県や徳島県を中心とした青石板碑文化圏以外にも存することが次第に明らかとなっている(10)。私が調査をした中国地方の中からそれを掲げると、次のようになる(11)。

① 正応四年(一二九一) 阿弥陀三尊種子板碑 広島県三原市西町、万福寺
② 永仁五年(一二九七) 釈迦種子板碑 岡山県吉備郡真備町箭田、真備町公民館
③ 康永三年(一三四四) 阿弥陀三尊種子板碑 広島県尾道市尾崎本町、大元氏宅
④ 延文五年(一三六〇) 阿弥陀種子板碑二基(12) 岡山県吉備郡真備町箭田、真備町公民館

右の中で、③を除いた他の四基はすべて頭部に特殊形をもった立派な整形板碑であり(13)、特に①②の二基は、造立年次が一三世紀までさかのぼることが注目される。それは①②とも広島・岡山の各県において最古の紀年銘を有するからで、これらの地方に板碑文化が流入した時期を知らせる意味からも貴重なのである。ただ、両遺品ともその後同地方において展開された板碑文化との関連から言えば、はなはだ孤立した存在であることも否めない。広島・岡山両県とも石造文化の主流は花崗岩製の遺品であって、板碑の場合も上に列挙された以外に一、二凝灰岩や安山岩製は見られるものの、大部分は花崗岩製板碑で占められている。その花崗岩からなる岡山県上房郡有漢町垣字大石の高雲寺跡に存する嘉元三年(一三〇五)像容板碑が、周知のように鎌倉時代に畿内大和を中心に活躍した伊派石大工によって造立されていることを考慮すると(14)、前掲の青石板碑は造立年次がたとえ一三世紀までさかのぼるにしても、同地方で造立展開された板碑文化とは異系統で、しかも他所から移入された可能性がきわめて高いと言わねばならない。

ただその際、中国地方の場合は瀬戸内海を挟んで四国と対しているところから、原産地として徳島県が比定されている(15)。徳島県吉野川流域は前述のごとく埼玉県秩父地方に次ぐ緑色片岩の産出地であり、これを使った板碑も大量に造立されているからである。しかし、これらの推理は相互の地理的な事情から導かれた蓋然的なものであって、両地方にある遺品を実際に吟味し、学問的に検証した結果ではない。広島や岡山県にある青石板碑が関東地方から直接に流入されることも十分考えられるのである。青石塔婆形式をもった板碑文化が徳島県よりも関東地方において早く開花した事実を踏まえるならば、なおさらその可能性は高いと言うべきであろう。

私が岡山県真備町の青石板碑と対面したのは、昭和五十七年のちょうど中国地方の板碑調査を開始した時である。現地で手拓や計測等の調査を行い、その結果はすでに学界にも報告してきたが⒃、この板碑の原産地や先行文化との関係などは依然解明されないままである。そこで今回は該題に少しでも近づくために、板碑の石質をX線によって分析し、原産地の科学的論証を試みることにした。最初にこれら三基の板碑についてその概略を紹介し、以下石質分析に至る経過とその結果、今後の課題等の順で記述することにしたい。

真備町板碑の発掘

岡山県吉備郡真備町箭田の公民館に所蔵されている、別記永仁五年銘一基と延文五年銘二基の計三基からなる青石板碑は⒄、現存の公民館より南方に四キロばかり離れた、同町下二万字矢形の地蔵鼻と称される井上荘一氏所有の竹藪から出土した遺品である⒅。発見者は荘一氏の長男敏茂氏で、氏の手記した「真備の姿」その四（自筆原稿未刊、真備町公民館保管）には、板碑発掘の状況を次のように記している。

西谷公民館ノアリマス所ハ岡山県地方デモ稀ナ関東地方ニシカナイ板碑ガ筆者ノ手ニ依ッテ発見セラレタ。往古ハ寺屋敷デアッタモノト思ハレマス。松尾部落ニモ寺跡ガアリマス。ココ西谷ニモ寺跡ガアッテ、ソノ寺跡カラ発見セラレタモノデセウ。（中略）筆者ノ誕生シマシタ井上邦香邸ハ、コノ板碑ヲ保管シテ居テ、文化財研究者ニハ見セテクレマスガ、板碑ハ三面アリマシタガ、ソノウチ永仁ト延文ダケ残リテ、応仁二十年モノハ戦災デ岡山市野田屋町デ焼失シテ終ヒマシタカラゴザイマセン。

この手記によると、敏茂氏が西谷公民館のある地蔵鼻から発掘した青石板碑は、永仁、延文、応仁（応永の誤記）と三基あって、応永二十年銘は第二次大戦中の昭和二十年六月二十九日、岡山市の大空襲の際焼失したことが知れる。

現存の板碑は延文五年銘が二基あるから手記では同紀年銘の一基を欠落していることになるが、焼失した応永二十年銘については、幸い永山卯三郎氏が『続岡山県金石史』（昭和二十九年）で図版、拓影と共に紹介している(19)。それによると板碑の出土地は「吉備郡二万村大字下二万字矢形、西谷、地蔵鼻竹藪、井上荘一氏所有地」とあって、前出の手記の内容と一致する。永山氏の著書は昭和二十九年の公刊ではあっても、板碑の項には「昭一六・八・一　井上敏茂氏報」と注記しているから、戦災で焼失する四年前に記述したことも明らかである。ただ、応永二十年銘をも含めた計四基の青石板碑が矢形の地蔵鼻からいつ発掘されたかについては記録を欠いている。倉敷市に住む井上雄風著『拓本集覧吉備の石仏』（昭和五十五年）に「大正の中頃」とあるのが、管見に触れた唯一の文献で、氏に私信でその出処をお尋ねしたところ、真備町在住の郷土史家粕谷末吉氏（昭和五十七年死亡）から聴いた旨の示教を賜わった。

真備町の青石板碑は前節でも述べたように、緑色片岩という地元岡山産ではない石材を使用しているために、後代になって他所から搬入されたものではないかと疑いがもたれる。これを解消するためには発掘の時期や状況がまず吟味されるべきで、資料の上からはやや不十分な点も存するが、これまでの事柄を総合すると、現存の青石板碑三基は大正年間の中頃、真備町下二万字矢形の地蔵鼻から出土したと考えて間違いないものと判断できよう。昭和四十二年に所有者の井上氏から真備町へ寄贈され、同五十四年に刊行された『真備町史』に収録されることによって初めて学界に紹介された逸品である。私も先年発刊した『中国地方の板碑』（昭和六十二年）でこれを取り上げているが、その中からここでは前出の三基について概略を摘出すると、次のようになる(20)。

永仁五年（一二九七）釈迦種子板碑

頭頂部を低い山形に削り、その下に横二条の切り込みを正面にのみ入れている。無額の上に身部には枠線も設けず、上方には梵字種子のバク（釈迦）を線刻の蓮座上に薬研彫し、その真下に「永仁五年十一月日」と縦に一行だけ刻ん

真備町の青石板碑三基
向かって左より永仁５年、延文５年⑴、同５年⑵銘の順。

でいる。頭部と左右両側面は所々欠けており、表面には形成したときのノミ跡も残っている。根部も向かって左側が欠失してはいるものの右側の様子から、剣型であることが知れる。

緑色片岩　全長六五・〇　幅（上）二〇・五
（下）二一・〇
厚さ　二・〇　根部　八・〇　（単位㎝）

延文五年（一三六〇）阿弥陀種子板碑⑴

三基中最も大きく、頭部の山形も他の二基より鋭い。横二条の切り込みは浅く、両側面まで及んでいる。額は無く、二条線の下にもう一本の横線が認められるが、これは身部を枠取りしたものであろう。縦線の方はほとんど残っていない。根部は剣型に整形されたもののようであるが、向かって左側が大きく欠けている。表面が滑らかに彫成されているのに対し、裏面は荒削りのままである。

銘は身部上方に異体のキリーク（弥陀）を蓮座上に薬研彫し、その下に「延文五年四月五日」と紀年銘を、さらにその左右両脇には三茎蓮華文様の花瓶一対を刻んでいる。

緑色片岩　全長七七・〇　幅（上）二三・五
（下）二五・五
厚さ　二・〇　根部　一七・〇　（単位㎝）

延文五年（一三六〇）阿弥陀種子板碑(2)

低い山形に頭頂部を整え、その下に横二条の切り込みを両側面にまで入れている。二条線の下には額部を設けず、すぐ下から一本の線で身部を枠取りしている。頂部や側面は所々欠けているが、正面、背面とも大体滑らかに削られている。下部は枠線より一～三センチのところでほぼ平らに切られているから根部は存しない。

銘は身部枠内上方に異体のキリーク（弥陀）を蓮座上に薬研彫し、その真下には三茎蓮華文様のある花瓶を一口線刻している。紀年銘は花瓶の左右両脇にあって、「延文五年／四月　日」と記している。

緑色片岩　　全長五五・〇　　幅　（上）二二・〇
　　　　　　　　　　　　　　　（下）二四・〇
　　　　　　厚さ　二・〇
（単位cm）

板碑の特質と花瓶《けびょう》の吟味

上の三基は共に石質が緑色片岩石でありながら、全体の形態・彫法・意匠などに各々特色が認められる。ことに最初の永仁五年銘とこれに次ぐ延文五年銘二基との間には顕著な差のあることも知れよう。後の二基は同年次の造立とあって、キリークの異体種子ばかりか蓮座・花瓶などにも類似した彫法が見られるが、紀年銘の月日は違っている。また、三基とも造立趣旨や人名を記さないので、これが造立された歴史的背景などは全く知り得ない。かかる意味では歴史考古学の対象としてはなはだ面白味のない遺品と言えようが、しかし前述のごとく上の永仁五年銘は、県内にある板碑二〇基余の最古品であり、しかも他の多数が地元産の花崗岩製であることから推理すると、これは岡山県外から直接搬入された可能性が高いと言わねばならない。つまり、板碑文化を他所から単に導入するだけでなく、石材もろともに直輸入しているところに他には余り類例を見ない特筆すべき意義が存するのである。

さらに、延文五年銘の二基は永仁五年銘よりも六三年後の南北朝期に造立されている。これもまた上の場合と同様地元産の石材でないとすると、これら青石板碑の造立者は、鎌倉後期に岡山県真備地方へ板碑文化を移植した後もこの周辺に蟠踞し、新文化を保持していたと考えねばならない。その影響下に成立したかどうかは速断を許さないが、真備町と同じ山陽側に位置し、しかも距離的に余り遠くない岡山市浜田町の報恩寺に、同じ緑色片岩製の貞和四年（一三四八）銘の名号板碑も造立されている(21)。さらに、これもまた緑色片岩製の応永二十年（一四一三）銘の阿弥陀種子板碑が、上述の三基と全く同じ箇所から出土していることは、この節の初めに紹介したごとくである。ともあれ、延文五年銘の青石板碑が造立された南北朝時代は全国的にも板碑文化の隆盛期であり、岡山県では上房郡や川上郡などの県北地方に続けて岡山市内および赤磐郡山陽町などの瀬戸内海に面した山陽地方にも板碑が造立され、そうした中に石質の上からは緑色片岩製の青石板碑と地元産の花崗岩製版碑の二系統が存するのである。

かつて永山卯三郎氏は、前述の岡山市報恩寺旧在の名号板碑について「岡山県固有の物とは言い難し」と言われ、これは四国阿波地方よりの伝来品であることを示唆された(22)。徳島県にはこれと似た板碑が多く存し、しかもこの地方が岡山県とは比較的近距離にあることなどを考慮してのことである。だが、これはきわめて常識的とも言える見解であって、これといった根拠があってのことではない。また、徳島県の青石板碑は関東地方のものに比べて塔身が割合厚く、身部と根部との境が判然と分かち得たり、梵字種子の書体に勢いがないことなども指摘されている(23)。そればかりかわれわれ自身も現地調査の経験から、関東と徳島県地方とでは、同じ緑色片岩製でも青緑色の濃淡や頭頂部の削り方、横二条の切り込みなどに、双方の特色が存することも承知しているはずである。しかし、これらの一般的な知識は数多くの事例から抽出されたものではあっても、現実に存する遺品の原産地を確定するとなると、果たしてどれだけ役立ち得るか疑問であり、実際のところ真備町から出土した青石板碑がどこから搬入されたかは決め手を欠いているのである。

昭和五十七年に真備町を訪ね、初めて三基の青石板碑と対面したとき、私はこれらが徳島産のものよりは関東の埼玉県辺りでよく見られる青石板碑との近似性を直観した(24)。理由は形態や形成技術もさることながら、延文五年銘二基に見られる花瓶に目をひかれたからである。一方の双式に対し他方は単式であるが、花瓶の形状は共に腰部が丸くふくらんだ徳利型で、頸と腰部分に帯線がめぐらされ、脚部の様子なども写実性に富んでいる。これに双方とも三本の蓮華を挿しているのが見える。茎の先端には蓮花も確認されるが全部にあるかどうかは、所々磨滅していてはっきりしない。問題はこれらの意匠がどこの先行文化と共通性をもつかにあり、徳島県の場合は板碑の発生自体が関東地方よりも四〇年以上も遅れるわけであるから(25)、天蓋や花瓶などの装飾品をあしらった板碑が登場するのも関東よりは相当遅れるものと考えねばならない。事実、関東地方においては三茎蓮華文様の花瓶をつけた板碑が一三世紀の後半から出現し、延文五年(一三六〇)、つまり真備町の青石板碑が造立されるまでに隆盛期を迎えているのである(26)。これに対し徳島県の場合は、紀年銘の判明している板碑二一三基中、その一割に近い二三基に花瓶が刻されているものの(27)、その大半は南北朝後期から室町時代にかけてのもので、延文五年以前のものとなると、名西郡石井町高川原にある元亨二年(一三二二)像容板碑と名東郡佐那河内村仁井田の元徳三年(一三三一)像容板碑の両基しか存しない(28)。しかも肝心なことは花瓶の形状が徳島の場合も徳利型ではあるが、真備町のものに比べると頸が短く、これに挿入した蓮華の形も異なっているのである。(次頁写真)

またさらに付言すれば、真備町の永仁五年銘と延文五年銘(2)の両基は双方とも紀年銘に日付を欠いていることも注意されよう。関東地方の板碑には初発期相当のものにも年月だけを記した遺品を見かけるが、徳島県の場合は「弘安元八月」(名西郡石井町浦庄、三尊種子板碑)や「嘉暦三天仲春下旬」(阿南市富岡町大住、浄土寺弥陀種子板碑)などと刻したものはあっても、鎌倉時代の遺品に日付を欠く板碑は見当らず、これが頻発してくるのは南北朝時代以降である(29)。それは板碑文化の隆盛に伴って板碑の商品化が伸展し、次第に大量生産化されてくることと、紀年銘の省

板碑に表刻された花瓶
向かって左は真備町の延文5年銘(2)。右は徳島県名東郡佐那河内村二井田の元徳3年銘で、後者の手拓は石川重平氏。

記簡略化が軌を一にしているのであって、真備町にある板碑を徳島県地方の板碑文化と結びつけて考えることはやはり無理があると言わねばならない。

ただ、前にも述べたように、花瓶といい上の紀年銘にしても、現存する他の板碑との比較、あるいはこれらをもとに形成された一般的な知識から判断されることであって、決して絶対的なものではない。例外的な事実が存すればこれを包摂し得ないことは当然で、したがって蓋然的な結果しか得られないのである。これを少しでも必然的なものにするためには、これまでのような比較研究法とは別に、研究対象それ自体から解答を導き出すような科学的方法が考え出されねばならない。具体的に言えば、真備町にある青石板碑の石質を化学的に分析することによって、その原産地を確定する作業が必要となってくるのである。

X線回折による石質分析

岡山県真備町にある青石板碑の原産地として比定されるのは、四国徳島県と埼玉県を中心とした関東地方である(30)。理由はこれら両地方で真備町板碑の石材となった緑色片岩が多く産出されるだけでなく、これを使った板碑が真備町のものよりも年次的に先行し、早くから青石板碑文化の展開が見られるからである。しかし、真備町にある遺品を双方のものと比較吟味しても蓋然的知識しか得られなかったことはすでに述べたごとくで、その壁をとり払うために埼

表　X線回折による分析結果

鉱物組成＼地域	岡山県（真備町）	埼玉県	徳島県（spot）	徳島県（non-spot）	岡山県（旭町）
緑泥石（chlorite）	○	○	○	○	○
曹長石（albite）	○	○	○	○	○
藍閃石（glaucophane）	○	○	○	+	
白雲母（muscovite）	○	○			○
パラゴナイト（paragonite）			○	○	
石英（quartz）		+	+	+	
クリノゾイサイト（clinozoicite）			+	+	
方解石（calcite）			+	+	
緑閃石（actinolite）					○
パンペリー石（pumpellyite）					○

注）・徳島県石井町の試料は点紋帯（spotted zone）と無点紋帯（non-spotted zone）の2箇所から採取されたもの。
・岡山県の場合は県北の旭町や勝山町で緑色片岩が産出されるのでこの分も参考として掲げることにした。

○　主成分
+　少量

玉・徳島の両地方から地元産の緑色片岩を試料として採取し、これに真備町の青石板碑を加えて、各々の鉱物組成を化学的に分析することにしたのである。緑色片岩と称されるものでも産地によってその組成に異同が存することは言うまでもなく、その分析結果を得て再び当初の課題に取り組んでみたいと考えたのである。

石質の分析は山口大学名誉教授岡村義彦博士に依頼し、実験は同大学教育学部武田賢治助教授にお願いした(31)。また供試試料は徳島県名西郡石井町で採取した緑色片岩の石片二個(32)、それに埼玉県飯能市内に旧在した永正年間（一五〇四～一五二一）の阿弥陀種子板碑(33)と岡山県真備町の青石板碑三基中、延文五年銘①の根部から僅かに削り取った石粉である。実験は各試料をすべて粉末にし、各々をX線回折と顕微鏡で観察する方法が採られた。X線では各試料のX線チャートとこれに基づいた実験者のコメントをいただいているが、これらを整理し要点を記すと次のようになる。

上記の表で明らかなように、各試料とも緑泥石や曹長石、藍閃石を共通して含んでいる。しかしこれら以外の白雲母、パラゴナイト、石英になると、これを含むもの含まないものなどの差異があって、同じ緑色片岩でも地域により鉱物組成が各々異なることを知らせている。鉱物組成の種類、量比などの差異に注意しながら各サンプルの異同を指摘すると、岡山県真備町と埼玉県飯能市の板碑から採取されたサンプルは、主成分として緑泥石、曹長石、藍閃石、白雲母が共通して含まれ、後者にはさらに少量の石英も同定される。これに対し徳島県石井町のサンプルは二種類とも緑泥石、曹長石、パラゴナイト、藍閃石を主成分とし、これに少量の石英、クリノゾイサイト（緑簾石の一種）、方解石などが同定される。したがって、岡山県真備町および埼玉県飯能市のサンプルと徳島県石井町のそれを並べた場合、前者は後者には同定されない白雲母を含むが、反対にパラゴナイト、石英、クリノゾイサイト、方解石などを欠いており、双方には鉱物組成上の違いのあることが判明する。そこでこのことは、問題の岡山県真備町のサンプルが距離的には近い徳島県よりも埼玉県飯能市から採取されたサンプルに、鉱物組成の種類、量比の面で比較的によく類似していることを告げているのである。

また、岡村博士が岡山県真備町の試料をX線回折とは別に顕微鏡で観察し分析された結果は、その組成が緑泥石、白雲母、緑閃石、曹長石、緑簾石（zoisite）であることが判明した(34)。X線で藍閃石と同定されたのは顕微鏡では緑閃石と観察され、さらにX線において確認されなかった緑簾石が顕微鏡で認められるなど、さらに詳細な分析結果も得られているが、このことによってサンプルの組成に変化や移動が生ずるわけではないから、上述のX線回折による結果は変わらないと言えよう。

このたびのX線回折、顕微鏡観察の結果、真備町の青石板碑はその素材が関東地方の埼玉県秩父地方から産出される緑色片岩と、鉱物組成の上で類似していることが明らかにされ、既述の花瓶や紀年銘を手懸かりとした推理を図らずも補強する結果となったが、岡村博士からは私信にて(35)、次のような助言もいただいている。

「問題の真備の石は埼玉のものとタイプが類似しており、徳島のものとは明らかに違います。ただ、両者ともサンプルが無数にあるものの一個を取り出したものですから直ちに同定はできません。岡山県にも旭村、勝山にも緑色岩が産出すると申しましたが、板碑の石質は岡山県の緑色岩とは鉱物組成がちがう様です。実際には板碑の岩石を切って薄片にして顕微鏡観察が必要ですが、作るのが困難です。このX線の資料は御研究の結論に都合がよいものであっても補足的な意味でしか使えないと思います。」

ご指摘のように、埼玉・徳島の両地方には無数のサンプルがあり、その中から一、二例を取り出して分析しているわけであるから、サンプルの採取の仕方によっては別な分析結果が得られることも考えられる。しかし、岩石の組成は一定の必然性によって起こるから、その組み合わせに地域的な特色が存することも否定し得ないであろう。事実前表でも、徳島県の異なる二地点（点紋帯と無点紋帯）から採取されたサンプルが、鉱物組成上では全く同一であるという結果も出ている。たとえ絶対的な方法ではなくてもこれを必要とする事柄があれば試行するのが当然であって、上述の実験からは、岡山県真備町にある遺品が岡山とははるかに遠い関東地方のものと石質の上で類似性を有するという、これまでの通説やわれわれの予想を超えた結果がもたらされたのである。今後は同一地域ではあっても、もっと多地点からの試料採取により、このたびのX線回折による結果の検証をも兼ねたより一層の研究が推し進められねばならないが、ここではとりあえず、上の実験から得られた結果をもとに、その意義について考えてみる必要がある。具体的に言えば、鎌倉時代に関東地方で発生した青石塔婆形式の板碑文化が、一三世紀末には中国地方の岡山県にこれが石材もろともに持ち込まれている事実と、その歴史的背景について言及せねばならないのである。

真備町板碑造立の歴史的背景

鎌倉時代の中期、つまり一三世紀後半から埼玉県を中心に、頭部に特殊形をもった板碑が登場してくることは、日本の石造塔婆史の上で画期的な出来事と言わねばならない。それは同地方で緑色片岩を使った青石塔婆形式の板碑がこれ以降大量に造立されてくること、さらにはこれと同一形式の板碑が埼玉県の近隣だけでなく、遠く四国や九州地方にも出現してくるからである。私の調査では一三世紀末までに青石塔婆形式の板碑、あるいはこれの系統下に入ると思われる整形板碑が確認されるのは、全国四三の都道府県のうち半分以上の二四の地方に及んでおり(36)、その期間が嘉禄三年(一二二七)からわずか七〇余年であることを考慮すると、整形板碑文化波及の速さはまさに驚異的と称しても過言ではない。

これまでの研究によると、頭部に特殊形をもった板碑の存在は関東地方を震源地とする中世文化の伝播普及であると解されている(37)。その契機となったのが鎌倉幕府の成立であり、関東地方に在住していた武士たちが開幕後は守護や地頭として日本の各地に赴任し、彼らによって関東に芽生えた新文化が地方にもたらされたと考えられているのである(38)。事実、上の二四都府県を例にとってみても、既存の自然石板碑に途中から新たに青石塔婆形式の板碑が加わるなど、同じ板碑文化でも系統や伝来を異にするケースが見られる。その背後には当時における政治的要因に加え社会的・宗教的要因なども考慮せねばならないが、現存する遺品と西遷御家人との関係を立証する確かな史料は乏しく、したがって、この方面における実証的な研究もまだ予期されるほどの成果を生むまでに至っていないのが実情である(39)。

このことは本稿での真備町青石板碑においても言い得ることで、三基の板碑自体が主尊種子と紀年銘を刻すのみで、造立者や造立趣旨など、これらの板碑が造立された歴史的事情を考究すべき適宜な材料を一切提供していないのである。したがって、これからの説明もやや通説的なものとならざるを得ないが、既往の研究によれば、中世の備前・備中両地方は源平合戦や承久の乱で在地豪族が滅亡し、代わって関東より御家人たちが守護や新補地頭として移住している(40)。その中で真備町の板碑との関係から注目されるのは、承久の乱後備中国草壁郷(現在の矢掛町)の地頭として関東から入部し、猿掛城を本拠とした庄氏の存在であろう。板碑が発見された真備町下二万と猿掛城は共に高梁川の支流小田川の南岸に位置し、六キロくらいしか離れていない。『庄氏系譜』によると(41)、庄氏の祖家長について

「武蔵国住人児玉党ノ旗頭、（中略）其後平家没落、備中闕国トナリ、家長ニ賜ル、築猿懸ノ城ヲ、居焉」と記し、その後裔は代々同地方に土着している。家長は『武蔵七党系図』でも児玉党の弘行系に連なる人物として記載されているから(42)、上の系譜は信憑性が高く、したがって家長の実在性も確かであると言えよう。（図1参照）

　家長の出た武蔵児玉党は、関東地方の利根川や荒川流域に蟠踞していた武蔵七党中の一族で(43)、彼らこそ同地方における青石板碑造立の担い手であったことは今日に残された多くの遺品が証明している。したがって、その支族が地方へ赴任するに伴って板碑文化もまた全国に伝播拡散したと考えることは、きわめて無理のない推理なのである。岡山県真備町の青石板碑のように、板碑そのものの石材までが関東より直接持ち込まれた可能性が高い場合は、より一層の双方における直接的な交流が想定されるゆえに、武蔵児玉党の系譜に連なる庄氏の存在が注目されるのである。ただし、庄氏の祖家長の生きた時代は真備町の青石板碑よりも古く、仮に庄氏が板碑の造立に関わっていたとしても、造立者は彼より三〜四代後の人物となるであろう。ちょうどその頃における関東と備中地方との交流が問われることになるが、管見に触れた関連史料は乏しく、現時点ではこれを立証することが困難である。それよりも本稿の意図するところは、真備町の青石板碑が岡山県内でも最古の紀年銘を有することを前提に、果たしてこれが通説のごとく四国地方より持ち出されたものかどうかを石質の上から吟味することにあり、その結果は大方の予想とは別に、関

図1　庄氏系譜（『岡山県古文書』第一輯）

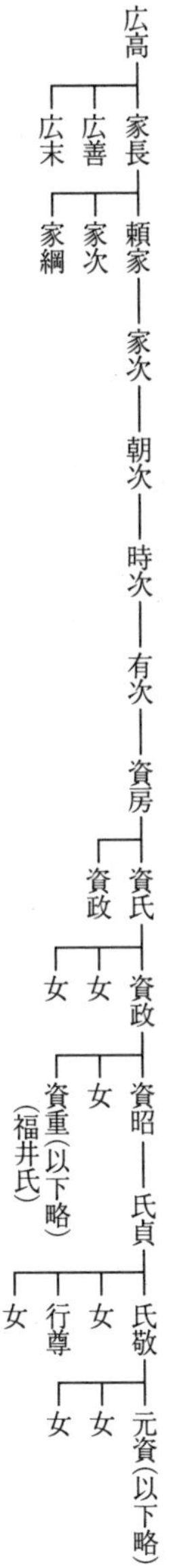

図2　武蔵七党系図（『国史大辞典』五）

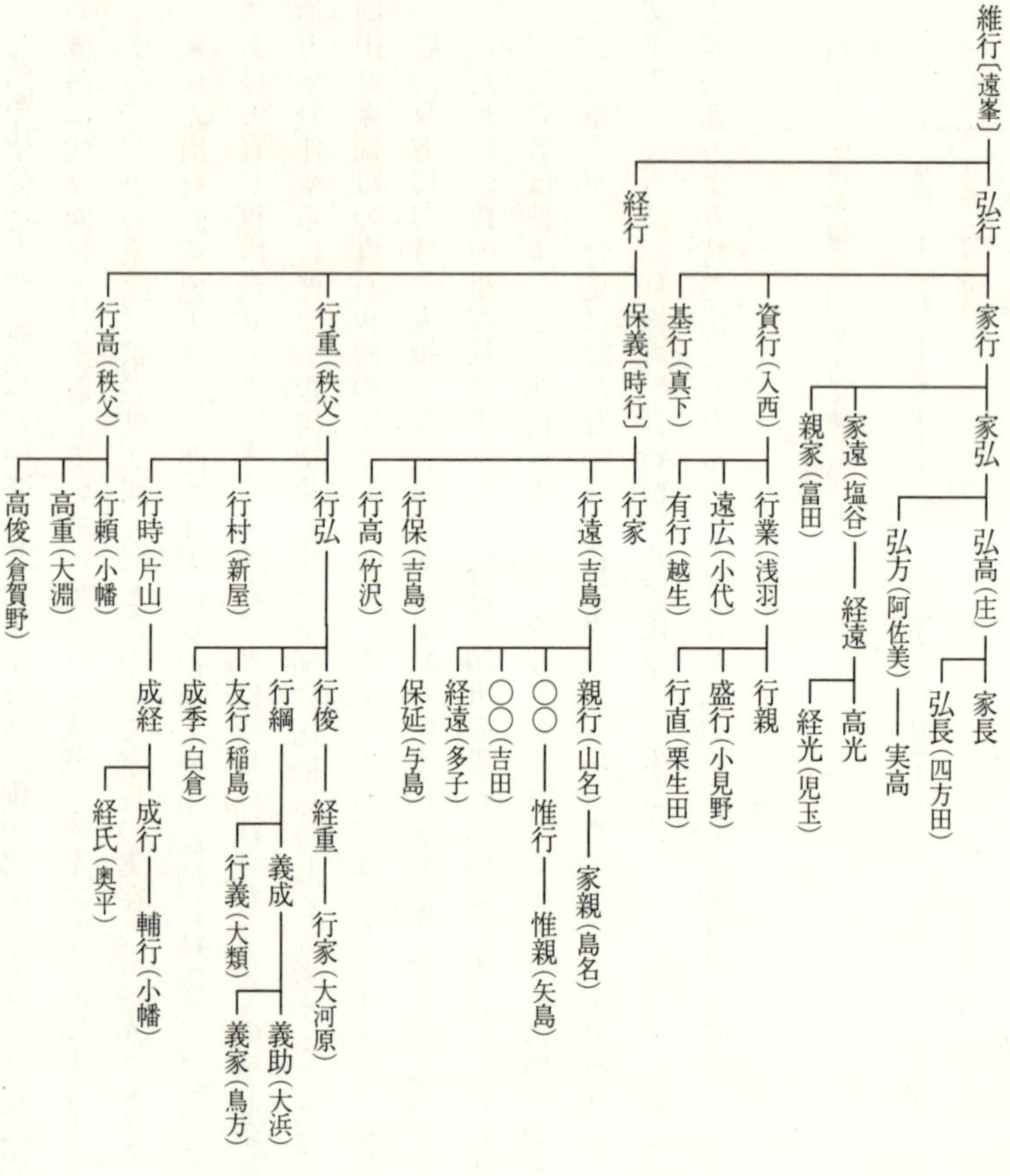

東の秩父山系から切り出された緑色片岩であることが濃厚になったわけであるから、この方の意義がもっと強調されねばならない。すなわち、たとえこの板碑の造立者が上に述べた庄氏でなかったとしても、関東からは遠く離れた備中地方において鎌倉後期に初めて板碑なるものが造立された時、この造立者は単に板碑文化をこの地方に導入するだけでなく、わざわざその石材をも一緒に関東から持ち出しているのである。おそらく石材を加工してから運んだであろうが、板碑造立に対する強い熱意とこれの造立裡に隠された歴史的事情が、今初めてクローズ・アップされてきたと言えるのである。

　そして、このことは冒頭で述べた中国地方の他地域で発見されている

万福寺阿弥陀三尊種子板碑
正応4年銘（1291）

青石板碑に対しても、これまでのように安易で漠然とした考え方を払拭し、その伝来や先行文化との関係を思考する上に大きな手懸かりを与えることも確かであろう。広島県三原市の万福寺にある正応四年（一二九一）銘の阿弥陀三尊種子板碑などは、同じ緑色片岩製でも真備町のものより六年前に造立された、県内でも最古銘を有する青石板碑である。しかもこれは万福寺が三原八幡宮の宮寺であった関係から、明治の廃仏毀釈まで同社の御神体として祀られてきたという(44)、由来や伝承などもはっきりした遺品である。この万福寺板碑の造立背景が解明されれば、中国地方に青石板碑文化が伝播・波及してきた事情なども次第に明らかになるに違いない。ただし、この点は本稿においても積み残した問題なので、他の機会に再び取り上げることにする。

むすび

既述のX線回折による石質分析を岡村博士に依頼し、その結果をいただいたのは昭和五十八年六月であるから、平成二年六月にこれを発表するまでには七年を経過している。発表がこのように大幅に遅れた理由は、岡山県真備町の青石板碑が後代に関東地方から移動したものではないかという疑念が絶えず存したからである。もしそのようなことであれば、この間に何か新たな事実も判明するであろうし、そのことを待って発表の是非を判断すべきであると考えていたのである。しかし、昭和五十四年に『真備町史』が公刊され、この板碑が初めて世間に紹介されてからすでに一〇年以上も経過しているにもかかわらず、これについての研究は遅遅として進んでいないのが実情である。『真備町史』が出た翌五十五年に井上雄風著『拓本集覧吉備の石仏』(自費出版)に収録され、さらに二年後の五十七年には私も論文等でこの板碑を取り上げると同時に(45)、同六十二年刊行の『中国地方の板碑』(山陽新聞社)では、広く一般にもその存在を知ってもらうために写真・拓本等も掲載したが、同五十九年の『板碑の総合研究』Ⅱ地域編(柏書房)では、現存の板碑三基がいずれも所収漏れになるなど、まだ識者の間に徹底しない面もあって、当初こちらで意図した、これらの板碑について新たな知見を得たいという願いはとうとう達せられないまま今日に至ったのである。

ところが、地元真備町と何回か連絡を取り合っているうちに、この板碑の所有者であった井上敏茂氏が自ら手記した草稿が同町教育委員会に保存されていることが分かった。本稿の最初に紹介した『真備の姿』その四がそれである。板碑の発見者はすでに亡く、地元においてもこれが発掘された時期や経緯等について確実な証言が得られない状態が続いていただけに、上の手記発見は大きな収穫と言わねばならない。この手記によって、板碑の発見者は敏茂氏本人であること、さらにこれが出土した箇所は、これまで言われているごとく同町下二万矢形の西谷公民館のある所、つまりこの建物に隣接した地蔵鼻と称される竹藪であることも判明したのである。氏がこの箇所を「往古ハ寺屋敷デアッタモノト思ハレマス」と言っていることからも、もはや疑う余地は無いであろう。また、この板碑の発見時期についても、これまでは井上雄風氏が地元郷史家から聴取された「大正の中頃」というのが唯一であったが、板碑の発見者が敏茂氏(昭和四十年頃死亡)であれば、この証言もまた信憑性は高いと言えよう。地元でこれまで聴取把握されてきた事柄が上の手記によって一層確実なものとなったのである。

しかし、一方ではまた多少気懸かりなこともある。それはこの青石板碑が大正年間に発見されているにもかかわらず、どうして永山卯三郎氏の二度にわたる大著『岡山県金石史』(昭和五年)『続岡山県金石史』(同二十九年)に収録されなかったかという点である。これらと同じく真備町の地蔵鼻から発掘されたもう一基の応永二十年銘は漏れずに収録されているだけに当然疑問を生ずることになるが、私が関係者から得た証言では、所有者の井上敏茂氏は第二次大戦前に一時岡山市に居住され、昭和二十年六月二十九日の同地大空襲で罹災したときは応永二十年銘一基を所持し、他の三基は真備町の生家に存したようである。永山氏が自著編纂のため敏茂氏に協力を求めたのはこの焼失する四年前の昭和十六年である。そのとき敏茂氏は応永二十年銘一基しか所持していなかったために、これのイラスト、銘文、計測値を書いて永山氏に送り、これが「昭十六・八・一、井上敏茂氏報」として収録されることになったものと推定される。これとは反対に、真備町の生家に止め置かれた三基の板碑は、永山氏の著書に所収漏れとなって世間への紹介が大幅に遅れることとなったが、幸い戦災での焼失を免れたために、今日その存在を大きくクローズ・アップされることとなったのである。蛇足ではあるがこの板碑について知るところを記し、今後の参考に供したいと思う。

【註】

(1)「青石卒都婆」銘の遺品として、埼玉県北埼玉郡騎西町田ヶ谷の龍興寺にある文永八年(一二七一)主尊不明板碑や茨城県新治郡桜村古来の文永玖年(一二七二)阿弥陀三尊像容板碑などが知られている。

(2)緑色片岩の採石場として確認されているのは、秩父郡長瀞町野上下郷と比企郡小川町下里の二箇所である。(埼玉県立歴史資料館編『板碑—埼玉県板石塔婆調査報告書』Ⅰ本文・図版編三頁、昭和五十六年)

(3)坂詰秀一編『板碑の総合研究』Ⅱ地域編(昭和五十八年)三〇一頁。

(4)拙著『中世の板碑文化』(平成元年)六一頁。

(5)前掲『板碑』Ⅰ本文・図版編一九~三二頁。

(6)埼玉県の場合は面積一平方キロメートル当たりの板碑現存基数が五・三基となる。(前掲『板碑の総合研究』Ⅱ地域編一〇四頁)

(7)前掲『中世の板碑文化』二三頁。

(8)この板碑は現在上部が欠失しているため頭部の様子は不明であるが、昭和十年における平野三郎氏の報文によると、頭部に横三条線の存したことが確認されている。平野三郎「嘉禄の陽刻板碑」(『考古学雑誌』二五巻一号、昭和十年一月)。

(9)千々和実「板碑研究の課題」(『日本歴史』二九一号、昭和四十七年八月)。

(10) むろん、これまでにも緑色片岩製の板碑が埼玉や徳島県の青石板碑文化圏外から発見された例が存しないというわけではない。近畿地方や東北・北海道にも事例が存することはすでに知られている。しかし、これらに対しては後世になって他所から搬入されたとする解釈が一般になされている。板碑の造立時に石材の移動などはあり得ないとする考え方が先入見として存するように思われる。
(11) 拙著『中国地方の板碑』参照。
(12) 延文五年銘の二基の板碑は、主尊および紀年銘の延文五年までは同じであるが、造立の月日や意匠などは異なっており、両基は別物である。(詳細は後述)
(13) 正応四年銘の万福寺板碑は上部と両側面が欠失し、頭部の状態が不明であるが、正面身部を囲った枠線は残っており、原形は青石塔婆形式の板碑であったことを予想させる。
(14) 川勝政太郎「備中上有漢に於ける石匠井野行恒の作品」(『史迹と美術』六八号、昭和十一年七月)。
(15) 永山卯三郎著『続岡山県金石史』(昭和二十九年)一四一頁。
(16) 拙稿「岡山県の板碑」(『徳山大学総合経済研究所紀要』五号、昭和五十八年三月)。
(17) この板碑三基は昭和五十八年三月に町指定文化財となっている。
(18) 板碑が出土した地蔵鼻には現在西谷公民館が建っている。
(19) 応永二十年銘の板碑は、頭部を山形に削りその下に横二条の切り込みをもった緑色片岩製の板碑で、剣型の根部を有し、頂部から身部上方にかけて向かって右側が大きく欠けている。銘は身部上方に異体のキリーク(弥陀種子)を蓮座上に安置し、その下に『観無量寿経』の偈文と造立者、紀年銘を刻んでいる。(前掲『続岡山県金石史』三七九頁)
(20) 前掲『中国地方の板碑』五二~五四、七二~七七頁。
(21) この板碑も第二次大戦中に戦災で焼失したが、実物の写真と拓本が永山卯三郎氏の『岡山県金石史』(昭和五年)に収録されている。
(22) 前掲『続岡山県金石史』一四一頁。
(23) 服部清道著『板碑概説』(昭和八年)一一三頁。沖野舜二著『阿波板碑の研究』(昭和三十二年)一〇頁。
(24) そのことは調査直後に中国新聞で発表している。(昭和五十七年九月二日付)
(25) 徳島県にある青石塔婆形式の最古品は、名西郡石井町下浦にある文永七年(一二七〇)阿弥陀三尊種子板碑である。

(26) 上坂悟「板碑にみられる仏具」（前掲『板碑の総合研究』Ⅰ総論編）。
(27) 同右。
(28) 名西郡石井町石井字徳里にある六地蔵像容板碑にも花瓶が一口刻まれている。この板碑を建武年間（一三三四～一三三五）のものとして紹介した文献も存するが、紀年銘の部分は磨滅していて判読が困難であり、六地蔵像容板碑としては時期が早すぎるように思われる。
(29) 徳島県文化財基礎調査報告書第一集『石造文化財』（昭和五十一年度）収録の「阿波板碑年表」による。
(30) 地元岡山県においても県北の真庭郡勝山町や久米郡旭町で緑色片岩は産出されるが、これを石材として板碑を造立し、青石板碑文化を展開したのは徳島県と埼玉県の両地方である。
(31) この分析結果が出たのは昭和五十八年六月である。
(32) 徳島県石井町では地元在住の郷土史家石川重平氏の協力を得た。
(33) この板碑は現在田中雅信氏が所有している。
(34) 岡村義彦博士の示教による。
(35) 昭和五十八年六月二日付。
(36) 前掲『中世の板碑文化』六七頁。
(37) 前掲「板碑研究の課題」。
(38) 千々和実「板碑源流考」(1)（『日本歴史』二八四号、昭和四十七年一月）。
(39) 武蔵七党など関東地方に土着した豪族による板碑の造立は早くから知られているが、西日本、特に九州や四国地方の西遷御家人と板碑との関係はまだ実証的研究を欠いている。
(40) 岡山県編『岡山県の歴史』（昭和三十七年）一六四頁。
(41) 藤井駿・水野恭一郎共編『岡山県古文書』第一輯（昭和二十八年）一八六頁。
(42) 『国史大辞典』五（昭和六十年）八七〇頁。
(43) 武蔵七党は平安末期から中世にかけて武蔵国に在住した横山、児玉、猪股など七つの同族的武士団の総称で、児玉党は同国児玉郡を中心に入西郡や秩父郡、上野国西部の各地に勢力を張り、一族の中には治承・寿永の乱、あるいは承久の乱後に西遷したものもいる。

（前掲『国史大辞典』五、八六九頁）

(44) 前掲『中国地方の板碑』一二四頁。

(45) 註(16)と(24)の論文。

Ⅷ　史料採訪

北海道網走の板碑

――板碑の北限探査紀行――

はじめに

板碑は呼称からすると石碑や墓碑の仲間と誤解されるが、本質は板石状の石造塔婆であり、仏教信仰の表出物である。平安時代後期に出現し江戸時代初期には日本史上から消滅した、わが国中世社会の歴史的産物であって、その地理的分布は北は北海道の網走市から南は沖縄県中頭郡中城村に至るまで、総計六万基にも及ぶ遺品が発掘されている(1)。

北海道の板碑は南北朝期の貞治六年（一三六七）以降のものが、函館市および亀田郡戸井町と網走市の三箇所に計四基遺存し(2)、中でも網走の一基は道北東部に孤立しているだけに、存在自体が強いインパクトを与える。網走にある板碑は果たしてどんなものか。確かに地元網走で造られたものだろうか。これらの疑問を抱きながら、平成七年九月にようやく現地を訪ねることにした。

室町時代の造立

網走市街の南側丘陵地に桂ケ岡公園があり、園内高台には史跡指定のアイヌのチャシコツ（砦跡）とその北隣に赤い円屋根をした網走市立郷土博物館が建っている。板碑は同博物館の二階展示室に、オロッコ人やギリヤーク人など

網走市車止内出土の板碑
（網走市立郷土博物館所蔵）

の北方民族資料と共に公開されているが、実はこれはレプリカであって、本物は同館の金庫に保存されている。博物館のご厚意により調査はもちろん本物を対象に計測、手拓等を試みることになった。

板碑の本体は縦二八・三センチ、横一六・五センチ、厚さ一・九センチと意外に小形であり、簡単に持ち運びも可能な大きさである。下方を欠失し、周縁部も損傷していることから推察すると、原形はもう一回りぐらい大きかったものと推定されるが、頭部の山形やその下に来るべき横二条線の形跡は、正面・側面とも認められない。身部の郭線も無いようである。したがってこの板碑は、頭部山形と横二条の切り込みを有するいわゆる青石塔婆形式の板碑とは異なる自然石板碑であり、石質は下部左側の大きく欠失した箇所等から見て、関東地方の同遺品に多用される緑色片岩と考えられる。

次に、この板碑の内容表現であるが、正面主要位置に主尊として異体形のキリーク（阿弥陀種子）を蓮座上に顕刻し、その下に三茎蓮の花瓶一個と両側に「广永」「廿四」と刻銘している。そのまま解釈すれば、この板碑は室町時代の応永廿四年（一四一七）に造立されたことになるが、「广永」を元号とすると両字間が離れ過ぎていること、また、「廿四」の方は年字を欠くなどの疑念もあり、応永年間の何月廿四日と解することもあながち間違いとは言えない(3)。

一方、紀年銘以外の主尊や蓮座、花瓶などの形状や彫法を見ると、抑揚のある写実的な影は薄れ、扁平で硬直化したものとなっている。これは言うまでもなく板碑文化隆盛後の現象であり、したがって、紀年銘を板碑文化衰退期の応永年間と判断することへの有力な補強材料と言えよう。

しかし、この板碑が果たして地元網走で造立されたかという疑問に対しては、右の事実が必ずしも有利には展開しない。つまり、網走にある板碑は室町時代の製作ではあるが、どこか他所で造られ、後代に網走へ搬入された可能性が高いのである。

発掘地クルマトマナイ

八〇年以上前の大正五年に網走を訪れた清野謙次博士は、地元の郷土史家米村喜男衛氏の案内で板碑を親しく実見され、その所見を『民族』（三ノ二）に発表された(4)。これによると、現存の板碑は明治四十三年頃に地元住人の玉木久次郎氏が網走町字マルマトマナイの地中から、下部欠損した金属製の瓶（現在行方不明）と共に発掘した由である。清野博士が板碑の発掘地として報じたマルマトマナイは、江戸時代後期にこの地を訪れた松浦武四郎の『蝦夷日誌』（安政五年、一八五八年）に「クロマトマナイ左リ小川、左右共雑木立」とあり(5)、昭和三十三年発行の地元『網走市史』上巻では「車止内《クルマトマナイ》」に訂正された。

車止内は東に潮見、南は八坂、西は天都山に囲まれた広い地域で、現在は水路改修のため昔日の面影も薄らいでいるが、当時は中心部を流れるクルマトマナイ川が天都山の湧水を合流し網走川に注いでいた。また、発掘者の玉木氏は車止内に旧在した北楽園という庭園の庭師で、園内の大木を倒した際にその根元付近の地下から、板碑が下部欠失した金属製の瓶と一緒に発見されたことなどは判明したが、発掘時の記録はむろん存せず、当時を知る人の生存も得られない。したがって、板碑の発掘箇所を具体的に検証することはもはや不可能であり、玉木氏子孫の消息も定かでない。

ただし、発掘地に関連して注意すべきはクルマトマナイの地名が、アイヌ語で「和人の女が住んでいるところ」を意味することである(6)。このことは言うまでもなく発掘された板碑が網走かその周辺で和人によって造立されたことを示唆するものとして興味深い。清野博士もこの点に注目されて、「若し好事家があって、之が内地からマルマトマナイに一板碑を明治四十三年より以前に故意に埋めて置いたと云ふ事実の根據が無い以上、此板碑は応永年間に網走か或は網走に近い所で日本人の手により造られたものと信ず可きである(7)」と結論づけられた。

そうなると、板碑が造立された応永年間にはすでに和人、中でも仏教文化の保持者が網走地方に移住していたことになるわけで、この点は道北東部への和人の移入を一七、八世紀頃とする北海道通史の理解と大きな隔たりをもつことになる。すなわち、北海道が蝦夷ヶ島、蝦夷ヶ千島と称されていた鎌倉時代にすでに和人の移入が認められるにしても、それは道南部の僅かな一角であって、江戸時代に松前藩が成立した当初においても本拠の福山を中心に東西各二五里、東は汐首岬付近まで西は熊石に至る海岸線を松前地と称し、亀田と熊石に番所を置いて和人は松前地にのみ居住を許可したのである(8)。

汐首岬以東は東蝦夷地、熊石以西を西蝦夷地と呼んだが、中でも東の襟裳岬と西の神威岬を境にこれより奥地は奥蝦夷地であって、北見・網走地方への和人の移入は寛文九年（一六六九）のシャムクシャインの蜂起鎮圧後、松前藩の支配が厚岸方面まで拡大した一七世紀後半とするのが穏当であろう。シャムクシャインの戦後近江商人の蝦夷地への進出は一層活発化するから、交易を目的に来網しそのまま定住した者もいたと考えられる。いずれにしても地元『網走市史』が「しかしなお板碑の発見だけをもって応永移住を断定するには多くの困難があろう(9)」と慎重な態度を示しているのは、右のような事情が存するからである。

網走板碑の原産地

網走にある板碑が他所から搬入されたとすると、いつ、だれが、どこから運んできたかに関心が移る。『網走市史』には発掘者の玉木氏が昭和二十五年に板碑を網走市立郷土博物館に寄贈された旨記されているから、まず玉木氏宅を訪ねたいのだが、残念ながら同氏の係累は網走市内に存しないことが判明した。

残るはこの板碑の原産地である。網走板碑は前述のごとく板碑文化衰退期の遺品で、石質は緑色片岩と推定される。したがって、この板碑と同一の石材を使用し、しかも類似の形状や内容をもつ遺品の多在する地域が注目されるのは当然であろう。久保常晴博士は網走板碑の花瓶や紀年銘の配置、石質などから、この板碑の原産地を関東地方の多摩川流域に比定され(10)、また、函館大学の白山友正教授は石質を輝石安山岩と見なし、東北津軽地方の十三湊付近に居住した安東氏縁故者の造立を示唆された(11)。両説とも一旦は他所で造立された板碑が後代になって網走に移動したとみる点で一致している。

ただし、問題はその原産地であり、これは石質の認定と深く関わっている。私見では塔身の薄さや全体の色調、それに下部欠損した形状からして前述のごとく緑色片岩製と判断され、したがって、久保博士の関東地方からの搬入説に同調するが、次に述べるような理由で、この際是非網走市立郷土博物館による石質の化学的分析をお勧めしたい。筆者の手掛けた事例でいえば類似の問題は中国地方の岡山県にも存するからである。

岡山市報恩寺の貞和四年（一三四八）名号板碑および吉備郡真備町下二万字矢形出土の応永二十年（一四一三）弥陀種子板碑の二基(12)は、この地方には産しない緑色片岩製であるところから、これらは当然他地方からの搬入物であり、地元産の花崗岩製板碑とは系統を異にするものと考えられてきた(13)。そして、岡山県に距離的に近い緑色片岩の産地といえば四国の吉野川流域であり、事実この周辺に緑色片岩製板碑が多在するところから、徳島地方より瀬戸内海を渡って運ばれたものと推測されたのである。

ところが、岡山県内には同じ緑色片岩製の板碑が他にも三基存することがその後の調査で確認された。吉備郡真備町の公民館に現存する永仁五年（一二九七）銘一基、延文五年（一三六〇）銘二基の計三基の板碑は共に石質が緑色片岩であるが、徳島地方の板碑とは内容表現に異なる点が認められるので(14)、念のために石質の化学的分析を試みることにしたのである。試料は埼玉・徳島両地方の産石地から採取した緑色片岩の石片と埼玉県飯能市旧在の青石板碑、および前記真備町公民館所在の一基から削り取った石粉で、これらを各々粉末にしてX線回折により組成鉱物や量比を同定する方法が採られた。もちろん実験は専門家に依頼したが、石質の分析結果は意外にも、岡山県所在の緑色片岩製板碑は関東地方の秩父産石で造られていることが判明したのである⒂。岡山、徳島と割に近い位置にあり、両板碑文化の近縁性から原石の移動を想定するのはいわば当然であるが、歴史の真相はむしろわれわれの常識を超えたところに存したのである。

石質吟味の緊要性

網走での調査を終え、翌日は斜里から知床半島を訪ねることにした。宇登呂より羅臼へ通じる知床峠でオホーツク海上に浮かぶ国後島を遠望、待機しているバスに戻り際足下の低い石垣に目をやると、そこには昨日調査した板碑と同じ緑色片岩が嵌め込まれているではないか。顕彰碑や記念碑とは違って、これは道路端の石垣である。使用する石材を吟味してわざわざ遠方から取り寄せるはずはあるまい。北海道でも緑色片岩が産出されるのであれば、網走板碑も地元産石で造立された可能性が出てくる。確率は少ないにしても一応は考慮してかかるべきであろう。

右の事実を確認すべく、早速知床博物館を訪ねることにした。岩石専門の合地学芸員によると、北海道でも旭川市の西側から日高地方を南北に貫く神威古潭変成帯のうち、神威古潭・日高三石や道南の戸井町などでは緑色片岩を産することが知れた⒃。

もちろん、北海道に緑色片岩が産出されるからといって、このことが直ちに網走板碑の地元造立を立証することにはならない。それはあくまでも可能性の一つであって、肝要なことは地元産出の緑色片岩の存在によって、網走板碑の石質を吟味する必要性が従来よりも増大したと理解すべきである。また、本稿で紹介した清野博士の地元造立説をはじめ、久保・白山両氏の外部移入説にしても各々説得力をもっているが、網走板碑の形式や内容を他地域のものと対比することによって得られた知識は蓋然的であることも事実で、これを少しでも必然に近づけるためには、対象自体から解答を導き出すような科学的方法を駆使せねばならない。石質の化学的分析はこうした期待に応え得る唯一の学問方法であって、その結果は膠着状態にある網走板碑の原産地問題に、必ずや有効に作用するであろうこと間違いないのである。

むすび

冒頭にも述べたように、網走市にある板碑は全国の総計六万基にも及ぶ同遺品の中で、地理的には最も北に位置している。系統問題に言及する場合、当然北海道にある他の板碑との関連性も考慮すべきであるが、函館市船見町称名寺の板碑は貞治六年（一三六七）銘と網走のものより五〇年ばかり古いものの、こちらは地元産の安山岩製であり、形式や内容面からも網走の板碑とは直接的な関連性は無いようである。また、亀田郡戸井町の郷土館に保存されている二基の板碑も紀年銘は磨滅しているが、右の称名寺板碑に続く遺品であり[17]、したがって、北海道にある板碑は道南部の函館市・戸井町と道北東部の網走市の二系統に分けられる。そして問題は北辺に一基だけ孤立する網走板碑の存在であり、それはこの地方への和人の移入、仏教文化の伝播・普及と直接関係するが故に、人々の関心を喚び問題の究明がまたれるのである。

亀田郡戸井町宮川出土の板碑２基
（戸井町郷土館所蔵）

　これまで地元で造立されたと考えられてきた遺物が実は他所からの搬入物となると、もちろんこれに依拠した歴史の認識は改変せざるを得ない。しかし、移動の事実に伴ってこれまでは全く気付かなかった歴史の新たな発見が生まれることも大いにあり得るわけで、網走の板碑はこうした期待に十分応えるだけの史料的価値をもった遺品と言えよう。

【註】

(1) 播磨定男著『中世の板碑文化』(東京美術、平成元年)五九頁。なお、本書では板碑の南限を鹿児島県三島村としたが、多田隈豊秋著『九州の石塔』下巻(西日本文化協会、昭和五十三年)によると、沖縄県中頭郡中城村にも室町時代頃の板碑の存することが記されている。(同書四三一頁)ただし筆者は未見である。

(2) 高橋潤「北海道」(坂詰秀一編『板碑の総合研究』Ⅱ地域編、柏書房、一九八三年)、千々和到「北海道の板碑をめぐって」(羽下徳彦編『北日本中世史の研究』、吉川弘文館、一九九〇年)。なお、亀田郡戸井町の板碑二基については平成八年三月に筆者実見。

(3) この板碑を最初に調査された清野謙次博士は、紀年銘について一応「応永廿四年」の造立と認めながらも、「然し、字の間取工合から見ると応永廿四年であるや否や疑はしい。応永何年何月かの廿四日かも知れない」と疑念を表明されたが、久保常晴博士は関東地方の北品川法禅寺にある応永在銘板碑に、網走板碑と同じく中央に花瓶一個を配し、その左右に紀年銘を割書きするもののあることを示され、網走板碑の紀年銘を「応永廿四」年とみて間違いないとした。清野謙次「北海道東北部紀行―網走方面の探究」(『民族』三ノ三)、久保常晴「北海道北見国網走発見の板碑についての私見」(『銅鐸』一、昭和七年一月)。

(4) 前掲清野博士論文。この論文は後に『日本石器時代人研究』(岡書院、昭和三年)に所収。

(5) クロマトマナイの地名は『竹四郎廻浦日記』下(弘化三年、一八四六年)にも見える。

(6) 網走市教育委員会編『網走百話』(網走叢書二、昭和六十三年)三六頁。なお、清野博士はマルマトマナイに注釈して「和人の女の死んで居た小沼沢地」と記し、『網走市史』上巻はマルマトマナイをクルマトマナイに訂正したが語義については清野説をそのまま踏襲している。ところが、前述の松浦武四郎『蝦夷日誌』には「名義和女昔し居たる沢といへり」とあり、最新の前掲『網走百話』では「和人の女が住んでいたところ」とする説が有力としている。

(7) 前掲清野博士論文。

(8) 榎本守恵・君尹彦著『北海道の歴史』(山川出版、一九六九年)五七頁。

(9) 同書上巻三〇六頁。

(10)「北海道応永板碑は関東型である」(『月刊考古学ジャーナル』八九、昭和四十八年)。この論文は後に『続仏教考古学研究』(ニューサイエンス社、昭和五十二年)に所収。
(11)「北海道応永板碑考」(『月刊考古学ジャーナル』八六、昭和四十八年)。
(12)播磨定男編著『中国地方の板碑』(山陽新聞社、昭和六十二年)四二頁。
(13)徳富萬熊「備前の板碑に就いて」(『考古学雑誌』第四巻第四号、大正二年)、逸見敏刀「報恩寺所在の板碑に就いて」(『吉備考古』第五号、昭和五年)。
(14)播磨定男「岡山県真備町の青石塔婆」(『中国新聞』昭和五十七年九月二日付)、同「岡山県の板碑(『徳山大学総合経済研究所紀要』第五号、昭和五十八年三月)。
(15)播磨定男「岡山県真備町の青石板碑—X線回折による石質分析と系統の問題—」(『徳山大学論叢』第三三号、平成二年)、同「板碑造立の風潮」(『季刊考古学』第三九号、平成四年四月)。
(16)白山氏も前掲論文で北海道に緑色片岩の産することを述べているが、網走板碑の石質に関しては本文でも紹介したごとく輝石安山岩としている。
(17)戸井町郷土館にある二基の板碑は銘は磨滅しているが、その形態からして室町時代前期頃の造立と考えられる。双方とも地元産石の安山岩製で、しかも頭部に横二条の線刻を有していることから、日本海側の山形県酒田市、あるいは石川県能登半島との関連性が指摘されている。(久保、千々和両氏の前掲論文)

〈付記〉

平成七年九月網走市での現地調査では、板碑の手拓から発掘地の現地案内に至るまで網走市立郷土博物館のご協力を賜わった。館長の本間義勝氏をはじめ和田英昭、北村衛両学芸員のご厚意に心からお礼を申し述べたい。また、翌八年三月には亀田郡戸井町を訪ね社会教育課の古屋敷則雄氏、松沢ゆかりさんのご協力をいただいた。共に記して感謝の意を表したい。

論考原題および初出一覧

1 「歴史ブーム―上州新田郡三日月村から―」（『徳山大学総合経済研究所月報』第一九二号、平成元年十二月）。表題を変え、原文に小見出しを付けた。

2 「北京原人と日本の旧石器文化―北京原人展に寄せて―」（同右、第一〇一号、昭和五十五年十一月）。「人類進化の指標―北京原人展に寄せて―」（『読売新聞』昭和五十五年十二月九日付）。両稿を合わせ調整・加除した。

3 「飛鳥随想」（『徳山大学総合経済研究所月報』第一五五号、昭和六十一年四月）。

4 「飛鳥の巨石たち」シリーズ人間と石Ⅰ（『さくがんき』第一〇〇号、マツダ株式会社、昭和六十一年四月）。若干補筆した。

5 「飛鳥の巨石たち」シリーズ人間と石Ⅱ（同右、第一〇一号、昭和六十一年十月）。表題を変えた。

6 「九州の王者磐井と石人・石馬」（『徳山大学総合経済研究所月報』第一七六号、昭和六十三年五月）。「続九州の王者磐井と石人・石馬」（同右、第一七七号、昭和六十三年六月）。両稿を合わせ調整・加除した。

7 「出雲の神話と歴史―岡田山古墳出土の鉄刀銘に寄せて―」（同右、第一五七号、昭和六十一年六月）。

8 「山口県の神代文字―吉香神社の石灯籠銘―」（『徳山大学論叢』第四十六号、一九九六年十二月、学術文献刊行会編『日本文学年次別論文集』所収、朋友出版、平成八年）。表題を変え、付記を削除した。

9 「太陽が真西に沈む日」（『徳山大学総合経済研究所月報』第一六五号、昭和六十二年四月）。原文に小見出しを付け、若干加筆した。

10 「徳山市貝籠五輪塔の紀年銘」（『徳山大学論叢』第二十七号、一九八七年六月）。

11 「旧暦時代の彼岸」（同右、第三十七号、一九九二年六月）。

12 「旧暦時代の彼岸と時正」（高嶌正人先生古稀祝賀論文集『日本古代史叢考』所収、平成六年三月）。

13 「岡山県の板碑」（『徳山大学総合経済研究所紀要』第五号、一九八三年三月）。

14 「岡山県真備町の青石塔婆」（『中国新聞』昭和五十七年九月二日付）。表題を変え、若干補筆した。

15 「岡山県真備町の青石板碑―X線回折による石質分析と系統の問題―」（『徳山大学論叢』第三十三号、一九九〇年六月）。「板碑造立の風潮―青石板碑の地方拡散―」（『季刊考古学』第三十九号、雄山閣、一九九二年五月）。両稿を合わせ調整・加除した。

参考文献

最後に、この本に所収の各論考を書く際に、参考とさせていただいた主な著書や論文を掲げ、日頃の学恩に厚く感謝の意を表します。

Ⅰ　歴史ブーム

杉原荘介「群馬県岩宿発見の石器文化」(『明治大学文学部研究報告』考古学一、昭和三十一年)。

相沢忠洋「岩宿遺跡の発見」(『世界史大系』月報一二号)。

Ⅱ　歴史の発見

鈴木　尚「日本洪積世の人類」(杉原荘介編『先土器時代』日本の考古学一、一九六五年)。
芹沢長介「旧石器時代の諸問題」(『原始および古代』岩波講座日本歴史一、一九六二年)。

Ⅲ　謎の石造物

坂本太郎「飛鳥雑考」(『明日香村史』上、昭和四十九年、『日本古代史叢考』同五十八年に所収)。

門脇禎二著『飛鳥—その古代史と風土』(日本放送出版協会、昭和六十年)。

網干善教編『飛鳥の発掘』(大阪書籍、一九八五年)。

市毛　勲「辰砂の精製」(『古代学研究』四八号、一九六七年)。

Ⅳ　九州と山陰の歴史

鏡山　猛著『北九州の古代遺跡』(至文堂、昭和四十八年)。
小田富士雄編『石人石馬』(学生社、昭和六十年)。
森　浩一「磐井の墓が墓墳か」(『古代学研究』一一一号、昭和六十一年)。

Ⅴ　言葉と文字

山田孝雄「所謂神代文字の謎」（『芸林』四の一～三、昭和二十七年）。

吾郷清彦著『日本神代文字研究原典』（新人物往来社、平成八年）。

Ⅵ　暦学への招待

十返千鶴子「彼岸の太陽」（『朝日新聞』昭和六十二年三月十五日付）。

内田正男編著『日本暦日原典』（雄山閣、昭和五十年）。

同『暦と時の事典』（雄山閣、昭和六十一年）。

桃　裕行「四大を避けること」（『歴史地理』第九一巻第三号、昭和四十一年）。

広瀬秀雄著『暦』（近藤出版社、昭和五十三年）。

石田茂作「紀年銘の記載形式について」（『考古学雑誌』第二〇巻第七号、昭和五年）。

湯浅吉美編『日本暦日便覧』上（汲古書院、昭和六十三年）。

埼玉県立歴史資料館編『板碑―埼玉県板石塔婆調査報告書』一～三（名著出版、昭和五十六年）。

久野　健編『造像銘記集成』（東京堂、昭和六十二年）。

服部清道著『板碑概説』（角川書店、昭和八年初版、同四十八年復刻）。

清水長明著『下総板碑』（庚申懇話会、一九八四年）。

播磨定男著『中世の板碑文化』（東京美術、平成元年）。

Ⅶ　歴史と科学

永山卯三郎著『岡山県金石史』正・続（岡山県金石史刊行会、昭和五年・同二十九年）。

巖津政右衛門著『岡山の石造美術』岡山文庫五五（日本文教出版、昭和五十五年）。

沖野舜二著『阿波板碑の研究』（小宮山書店、昭和三十二年）。

石川重平・河野幸夫「阿波の板碑」（『阿波学会三十年史記念論文集』一九八五年）。

播磨定男編著『中国地方の板碑』（山陽新聞社、昭和六十二年）。

Ⅷ　史料採訪

清野謙次著『日本石器時代人研究』（岡書院、昭和三年）。

久保常晴「北海道北見国網走発見の板碑についての私見」（『銅鐸』一、昭和七年）。

同「北海道応永板碑は関東型である」（『考古学ジャーナル』第八九号、昭和四十八年）。

網走市史編纂委員会『網走市史』上巻（網走市役所、昭和三十三年）。

あとがき

日ごろ、学術雑誌や新聞等に発表した中から、日本の石造文化に関するものをまとめたのが本書である。テーマがやや不揃いのようにも見えるが、そうした表面上の印象とは別に、各稿に事例として採り上げた石造遺品の学術的意義について、ご理解を賜りたいと思う。そしてこのことは、私たちの周辺で未だ物言わぬまま眠る多くの類品に対し、再び学問的照射が及ぶ契機になればと、そのことを願う気持ちにつながっている。

本書に所収の論考の中には十年以上も前に、しかも外部から依頼されて書いたものもある。現在から見れば必ずしも満足しない点もあるが、本文で述べた内容上の基調は変わらないので、字句の一部を訂正するのみで原文をそのまま収めることにした。初出の原題や発表年次については、巻末に「論考原題及び初出一覧」として掲げることにした。また、学術雑誌に発表したものは詳細な註を添付してあるが、一般誌や新聞の類は発表の性格上、最初からこれを欠いている。これら省略した註を「参考文献」として掲げ、先学の日ごろの学恩に感謝すると共に、読者の一層の研鑽に役立てたいと考えている。

こうして本文を執筆中にも、新たな遺跡や遺物発見の報がもたらされている。今年二月、埼玉県秩父市で五十万年前の建物跡が発掘されたのに続けて、奈良県明日香村では最古の流水遺構が出土した。地元埼玉県では「秩父原人」などの言葉もささやかれているようだが、秩父原人→三ケ日人→明石原人とさかのぼっていくと、この道は確実に群馬県の岩宿遺跡へとつながっている。

本書の最初に岩宿遺跡と奈良県飛鳥地方の石造物についての旧稿を収めたのは、右の発見報道を受けてのことである。今後謎の石造物をめぐって論議がなされる際、該題の理解に少しでも役立てば幸甚である。
最後に、現地での史料採訪では毎回多くの方々のご厚意とご理解をいただいたことを記し、深甚より感謝の意を表したい。各論考の末尾にはその旨を具体的に記しているが、本書の上梓にあたり、改めて謝意を申し上げる次第である。大学教育出版の佐藤守出版部長には、本書の出版にご高配を賜りながら原稿の校正等で遅延したことをお詫びし、擱筆としたい。

平成十二年四月二十日

播磨　定男

■著者略歴

播磨　定男（はりま　さだお）
昭和12年　秋田県に生まれる。
同 45年　国学院大学大学院（日本史学専攻）博士課程修了
現　　在　徳山大学教授。陶氏研究会代表

主な著書・論文
『中世の板碑文化』（東京美術、平成元年）、

『徳山市の社寺文化財』（徳山市教育委員会・共著、同 3 年）、

『光市現代二十年史』（光市・監修、同 8 年）、

「白井水軍の動向—安芸白井家文書を中心に」（徳山大学論叢第49号、同10年）、

「伊藤博文の念持仏」（同第51号、同11年）、

「神社祭礼と宮座—新屋河内賀茂神社の頭番文書を中心に」（同53号、同12年）など。

石造文化 —歴史学への誘い—

2000年 6 月30日　初版第 1 刷発行

■著　者——播磨　定男
■発行者——佐藤　正男
■発行所——株式会社 大学教育出版
〒700-0951　岡山市田中124-101
電話 (086) 244-1268　FAX (086) 246-0294
■印刷所——互恵印刷(株)
■製本所——日宝綜合製本(株)
■装　丁——ティー・ボーンデザイン事務所

ISBN4-88730-396-3